北京大学经济学院 中青年学者文库

小额保险理论前沿与实践初探

MICROINSURANCE: PROGRESS IN THEORY
AND LESSONS FROM PRACTICE

姚 奕 ◆ 著

图书在版编目(CIP)数据

小额保险理论前沿与实践初探/姚奕著. —北京:北京大学出版社,2017.1
(北京大学经济学院中青年学者文库)
ISBN 978-7-301-28209-0

Ⅰ.①小… Ⅱ.①姚… Ⅲ.①保险业—研究—中国 Ⅳ.①F842

中国版本图书馆 CIP 数据核字(2017)第 053729 号

书　　　名	小额保险理论前沿与实践初探 XIAO'E BAOXIAN LILUN QIANYAN YU SHIJIAN CHUTAN
著作责任者	姚　奕　著
责 任 编 辑	郝小楠
标 准 书 号	ISBN 978-7-301-28209-0
出 版 发 行	北京大学出版社
地　　　址	北京市海淀区成府路 205 号　100871
网　　　址	http://www.pup.cn
电 子 信 箱	em@pup.cn　　QQ:552063295
新 浪 微 博	@北京大学出版社　@北京大学出版社经管图书
电　　　话	邮购部 62752015　发行部 62750672　编辑部 62752926
印 刷 者	北京宏伟双华印刷有限公司
经 销 者	新华书店
	730 毫米×1020 毫米　16 开本　12.25 印张　142 千字 2017 年 1 月第 1 版　2017 年 1 月第 1 次印刷
定　　　价	38.00 元

未经许可,不得以任何方式复制或抄袭本书之部分或全部内容。
版权所有,侵权必究
举报电话:010-62752024　电子信箱:fd@pup.pku.edu.cn
图书如有印装质量问题,请与出版部联系,电话:010-62756370

序

历史经验表明经济发展与包括保险在内的金融服务的繁荣息息相关。这背后的道理显而易见:保险是一种管理风险的机制设计,个人和组织通过保险可以在一定程度上消除不确定性,因而有能力承担额外的(有益的)风险,这成为推动经济增长和发展的动力之一。自古以来,人们或多或少对保险的积极作用已有所了解,最早有关保险概念的相关记述甚至可以追溯到三千年以前,但正式建立保险行业的历史则要短得多。大部分人都将1666年那场伦敦大火作为现代商业保险公司发源的契机。据历史记载,在伦敦大火后,尼古拉斯·巴伯(Nicolas Barbon)由医生改行成为建筑商,并承诺(在收取额外费用的前提下)一旦由他建造的房屋再次因为火灾而损毁,他将负责予以重建。房屋保险公司(Insurance Office for Houses)由此诞生。经过几个世纪的发展壮大,2015年全球保险行业的保费收入已超过45 540亿美元。

但值得注意的是,正如各国经济的发展非常不均衡,全球保险业的发展也很不均衡。正是因为深知保险市场发展与经济发展之间的相互促进关系，许多先行者开始探索如何在全球范围内，尤其是在低收入地区拓展保险业。这虽然并非一个全新的概念，但一群新的领袖用新的方式开启了这一轮探索。1999年，小额保险（microinsurance）成为这一类试验探索的统一标签。在这一旗帜的号召下，商业机构和非营利机构都开始寻找各自的方式利用保险这一工具为经济发展提供助力。

就个人经历而言，我对小额保险的兴趣缘起于2007年。那一年我参加了国际保险协会（International Insurance Society，IIS）年会，并听取了肯尼亚CIC保险公司集团首席执行官，也是时任非洲小额保险委员会主席纳尔逊·库瑞阿（Nelson Kuria）的演讲，从中了解到这一领域的实践情况。而2007年也刚好是姚奕来到威斯康星大学商学院精算、风险管理与保险学系就读博士的第一年。对我而言极大的幸运是，她在入学的第一个学期就参加了我教授的博士生讨论课，并很快展示出她深刻的领悟力、坚定的执行力和改善社会现状的强烈愿望。我们一起逐步加深对小额保险市场的理解，并感到有责任并有必要进一步研究这一市场发展的助力和阻力。在这一领域持续的努力探索最终汇集成了一系列研究成果，包括她的博士论文——《新兴健康保险市场的可持续发展与逆向选择：以巴基斯坦小额保险为例》，以及我们和贾斯汀·西德诺（Justin Sydnor）博士[①]在《风险与保险期刊》（Journal of Risk and Insurance）上发表的共同署名的论文——《小额健康险中的产科理赔：巴基斯坦项目的逆向选择证据》。

姚奕、贾斯汀和我从这次合作中都受益良多。我们开始理解将保险拓展到低收入群体时所面临的一系列障碍，比如说缺乏支持保险

[①] 序言作者琼·施密特是我在美国威斯康星大学就读博士期间的导师，贾斯汀·西德诺是我的副导师。——本书作者注

机制建立的基本条件(核保人员、核赔人员、精算师等),还比如说缺乏保险所承保的服务网络建设(在我们研究的小额健康险中,医疗服务网络的滞后是一大掣肘)。由于存在这些障碍,我们观测到的逆向选择和道德风险问题对小额保险项目造成了巨大挑战,甚至导致我们研究的小额健康险项目不得不暂时中止销售。

但另一方面,我们也得出了一些令人振奋的结论。比如,一旦个人或家庭在风险事故后得到了保险公司的赔付,他们续保的可能性随之大大增加,并很有可能在今后为项目带来持久的利润。我们认为,通过投保而熟悉产品流程,并获得良好的理赔服务是促成小额保险成功推广的核心要素之一。

为了更好地理解小额保险市场,各国学者进行的相关研究已有众多。但由于不同项目在地域、产品类型、监管框架方面都存在着巨大差异,因此很难归纳出一个普适的结论。即便如此,我们还是能够从众多研究中得到一些共同的启发。针对各种项目的研究普遍认为普及保险知识和相关金融教育是十分必要的。这对培育小额保险市场并促进其健康发展至关重要。此外,产品设计需要秉承简单易懂的原则,并确保在分销渠道和承保环节尽可能降低成本。除此之外,监管机构可以通过放宽小额保险机构在资本金、分销渠道和产品设计方面的要求,协助拓展小额保险市场。

出于很多显而易见的(以及一些不那么显而易见的)原因,中国理应成为我们关注的一个重点市场。首先,作为世界上人口最多的国家,任何在中国推动并获得成功的项目都有望深刻影响许多人的生活。其次,尽管在过去十年间中国经历了高速的经济增长,但依旧有多达1.8亿人口生活在贫困线以下,这些贫困人口大部分集中于农村地区。最后,尽管人口众多,但中国的保险深度(总保费占GDP

的比重)仅有不到3%,而发达经济体平均的保险深度在6%到12%之间。在促进经济进一步发展,并推动中国减少贫困这一背景下,小额保险获得了一个新的发展机遇。

中国政府也看到了这一机遇,并适时推出了多个试点项目以更好地理解小额保险运行中可能遇到的挑战。据我所知,现有的项目主要集中在为处于经济弱势的广大农民提供的农业保险和小额健康保险方面。

在试点中,尤其是农业保险试点中,很多创新性产品得以开发和应用。有的项目给农民提供了指数保险,从而省略了个体核保、核赔环节。相比原本挨家挨户估计实际农作物损失的做法,保险公司通过区域性的保单覆盖,并依据区域性的天气指标作为理赔依据,大大降低了管理成本,并减少了道德风险。但这一做法的代价是产生"基差风险",也就是实践中可能出现那种没有遭受损失的农民获得了赔付,而受损的农民却未能获得赔付的奇怪现象,这是由于用指数作为赔付的触发条件,将损失平均化所导致的后果。一些学者认为由于基差风险的存在,指数保险非但没有降低,反而增加了被保险人实际面临的风险。即便存在这些问题,依旧有研究表明小额保险的存在在一定条件下促使农民有能力选择承担更多有益的风险,从而提高了农民的财务能力,并促进了地区的经济发展。

在健康险领域,逆向选择和道德风险普遍存在。为了实现财务可持续,与农业指数保险所面临的压力一样,小额健康险产品也需要大幅压低承保和核赔环节的成本。但在健康服务领域,信息不对称的程度和成本控制的难度都要远远高于农业领域。迄今为止,还无法应用任何指数的方式来消除健康险中的道德风险。在中国,绝大部分低收入群体是通过新型农村合作医疗(简称"新农合")获取基本医疗保障的。新农合项目建立于2003年,截止到2013年年底已覆盖了超过8亿农民,参合率高达95%以上。新农合的低保费策略促进了项目的快速扩面,但其主要问题在于覆盖服务的范围有限且报销比例偏低,这导致了参合人无法按照自身的实际医疗服务需要充分使用基本医疗服务。作为一种市场创新机制,小额健康险可以与新农合相结合,为低收入的参合人员提供补充医疗保障。湖北当阳的试点项目证明了这一思路的可行性,它为丰富市场选择、提高人民就医保障提供了新的机遇。

在我看来,要总结梳理小额保险相关领域的研究前沿,并向中国介绍小额项目的实践,姚奕博士是一个再理想不过的人选。一方面,她对中国保险市场有着深入理解——从2013年开始,她一直参与编写年度《中国保险业发展报告》。而另一方面,她早在博士就读期间就开始关注小额保险,从事相关研究,并持续追踪这一领域的研究进展。更重要的是,姚奕博士一直执着于对这一领域的发展进行深入、完整的探究。她是一位细致、认真、敏锐、博学的研究者,并致力于为丰富小额保险这一领域的研究和实践贡献力量,促使小额保险为数以百万计的低收入群体提供保障,并改变他们的生活。对此,我深感安慰。

琼·施密特(Joan Schmit)
美国威斯康星大学商学院杰出美国家庭保险讲席教授
国际保险学会研究委员会理事长
美国风险与保险协会原主席(1994—1995)

目 录

第一章 小额保险的定义与发展概况 …………………… 1
  第一节 定义 …………………………………………… 1
  第二节 发展概况 ……………………………………… 21

第二章 小额保险的需求问题 ………………………………… 35
  第一节 需求问题概述 ………………………………… 35
  第二节 小额保险需求的影响因素 …………………… 37
  第三节 案例研究:中国旺苍小额扶贫保险项目 ……… 59
  第四节 提高小额保险需求的政策建议 ……………… 70

第三章 小额保险的财务可持续性问题 ……………………… 75
  第一节 财务可持续性问题概述 ……………………… 75
  第二节 小额保险财务可持续性的度量方法与相关研究 …… 78
  第三节 案例研究:巴基斯坦 AKAM 小额健康险项目 …… 92
  第四节 改善小额保险可持续性的政策建议 ………… 111

第四章　小额保险的影响问题 …………………………………… 115

第一节　影响问题概述 ……………………………………… 115

第二节　小额保险影响的度量方法与相关研究 …………… 117

第三节　案例研究：印度 YESHASVINI 小额健康险项目

…………………………………………………………… 129

第四节　提高小额保险影响力的建议 ……………………… 137

第五章　小额保险的中国实践 …………………………………… 139

第一节　我国小额保险的发展概况 ………………………… 139

第二节　小额保险的监管框架 ……………………………… 154

第三节　我国发展小额保险的政策建议 …………………… 161

后　记 ……………………………………………………………… 167

参考文献 …………………………………………………………… 173

第一章　小额保险的定义与发展概况

第一节　定　　义

一、小额保险的定义和特点

(一) 小额保险的定义

小额保险兴起于 20 世纪末,它是一种创新型的保险,其对应的英文单词"microinsurance"也是由"micro"(小额的、微型的)和"insurance"(保险)直接拼接后形成的新词汇。[①] 在我国台湾地区,小额保险被称为微型保险。笔者认为,结合小额保险的核心含义,对其更为恰当的翻译应为"草根保险"。这是因为小额保险之"小"、微型保险之"微",并不单单针对保额减少或是保费微薄,其核心概念在于用商业保险运作的方式为中低收入群体提供相应的保障。因此,小额保险的灵魂在于目标客户群体是那些在传统意义上被正规金融机构所忽

---

① microinsurance 亦拼写为 micro-insurance 或 micro insurance。

视的草根一族。而单单就保额或保费而言，小额保险的保费通常在绝对数额上确实较为低廉，以便中低收入群体能够负担得起，但以相对的保险费率衡量，小额保险真正意义上的保费其实是高于传统的商业保险产品的，这样才能摊薄不菲的营运费用。这一点有些类似于小额金融中的现象：小额金融机构贷给穷人小额贷款的利率实际要高于贷给常规客户的利率——这也是为了抵消相应的信贷风险并摊薄更高的营运费用。而在小额保险的保额方面，其绝对保障水平一般较低，相比传统市场和客户而言属于"小额"，而考虑到目标客户群体的收入水平，其相对保障水平通常应在一个合理的区间内，这样才能够提供有效的保障。综上所述，小额保险之"小"，并不单指保额低或是保费少的产品，其核心在于目标群体在社会经济地位排序中所属的"微"与"小"。

小额保险的目标群体虽然属于社会中经济地位低微的草根一族，但其规模和数量却是庞大的。全球平均收入水平低于2美元/天的低收入人口规模高达40亿。学术界常用"金字塔底层"（bottom of the pyramid, BOP）来指代这一特定群体，他们构成了社会稳定和经济发展的基石。在传统的金融市场中，草根阶层的需求常常被商业机构所忽视，因为平均而言，服务草根阶层能够带来的盈利性远不及服务金字塔顶端的高端客户。但随着小额金融机构在商业上的成功及其社会影响力的崛起，这一传统思维定式受到了挑战。C.K.普拉哈拉德在《金字塔底层的财富》（*The Fortune at the Bottom of the Pyramid*, 2005）一书中提出了金字塔底层理论（BOP theory），意指商业机构通过服务规模巨大的低收入群体也能获得可观的商业利润。通过创新的方式向低收入群体提供符合其需求的服务，商业机构一方面可以培育新的客户群体，通过自己的服务帮助其减贫、脱贫，打造目标群体对品牌的忠诚度,从而伴随客户成长并在长期获得商业利润;另一方面,商业机构由此构建了负责任的企业形象,也有助于在大众客户群体中提升其品牌价值。

如图 1-1 所示,传统的保险市场和产品关注的是服务在社会收入金字塔上层的中高收入客户。以每张保单能够带来的利润而言,这部分客户确实是保险公司所青睐的优质客户。而位于社会收入金字塔中下层的低收入以及极端贫困的群体通常很难享有正规渠道的保险服务。相当一部分低收入群体是在非正规劳动力市场就业,他们既无法获得雇主提供的保险计划,也无法获得政府提供的社会保险保障。据估计,全球有超过一半的人口没有社会保险保障,这一现象

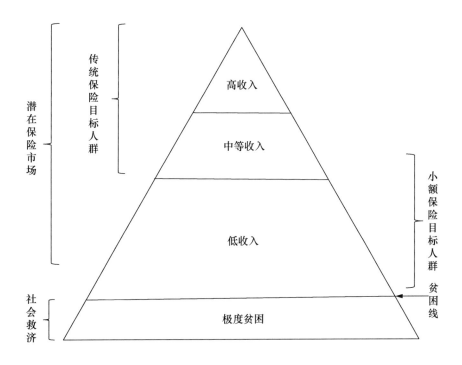

图 1-1　社会收入金字塔划分目标客户群体

在发展中国家尤其突出（Churchill，2006）。对于极端贫困的群体而言，他们没有支付能力承担小额保险的保费，因而其风险补偿主要还是需要由政府提供的福利、救济项目解决。而小额保险主要面对的客户则是数量众多的中低收入群体，尤其是那些在以往被社会保险项目和传统商业保险所忽视，处于保险真空的群体。他们具有一定的支付能力，对于通过保险进行风险转移和风险管理存在实际有效的需求。保险公司通过开发创新型的产品，并开拓新的渠道，便有可能发挥规模效应，承保大量的中低收入客户。以每张保单而言，其利润必然是微薄的，但随着承保规模的扩大，保险公司依旧有可能获得较为可观的利润总额，与此同时还能够培育新的客户群体。随着这部分客户群体在社会收入金字塔中提升其地位，长远来看保险公司有望从忠实客户那里赚取更多的利润，并建立负责任的企业形象。

联合国在"2005 国际小额信贷年"活动中提出了普惠金融体系（Inclusive Financial System）这一概念。它指的是发展一个为社会所有阶层、所有人群提供适合的金融服务的体系框架。2008 年，20 国集团（G20）在金融市场和世界经济峰会上将普惠金融列为其五个重点发展目标之一。2010 年 6 月发布的《20 国集团多伦多峰会宣言》进一步制定了创新普惠金融的九大原则及其相关的行动计划。

显然，小额金融和小额保险都属于普惠金融体系中的重要环节。保险为个人和家庭所面临的不确定的风险进行融资和风险转移安排。低收入群体同样面临着人身、财产等各方面风险的威胁，而由于其资源的有限性，在缺乏正规金融机构和产品的情况下，很少有家庭能主动进行事前的风险规避和管理，大多数家庭只能在风险事故发生后通过非正规手段进行借贷融资，亡羊补牢。而家庭积聚的有限财富在面临风险时常常显得不堪一击。在普惠金融体系的框架内，如果低收入群体也能以合理的价格获得高质量的金融服务，从而有机会利用现代化的金融工具防范风险、融通资金，获得更适宜的储蓄、投资、信贷、保险等一系列产品和服务，将大大推动草根阶层经济地位的提升，并推动社会的稳步发展。这也是小额保险式起于微，却意义深远的根本。

小额保险可以说是一个较为宽泛的描述性概念，其最核心的特征包括两个：第一，其服务的目标人群是中低收入群体。第二，小额保险是通过商业化的运作模式提供的保险产品，这有别于政府提供的社会福利。也就是说，小额保险的保费应该是与投保人的风险相关的。

具体而言，学界和业界对于小额保险的定义也存在诸多版本。其中，比较权威的定义包括两个：其一是由国际保险监督官协会（International Association of Insurance Supervisors, IAIS）和世界银行扶贫协商小组（Consultative Group to Assist the Poor, CGAP）的小额保险研究组共同给出的定义，即小额保险是一种由不同类型主体提供的，按照保险的核心原则运作，依照风险事故发生的概率收取一定保费，从而为低收入群体提供特定风险保障的产品（IAIS and CGAP working group on microinsurance, 2007）。其二是小额保险创新组织（Microinsurance Innovation Facility, MIF）在 2008 年给出的定义，即小额保险是一种向低收入群体收取符合其收入和风险水平的保费，以承保相应风险（意外事故、疾病、死亡和自然灾害等）的机制。

我国保监会在 2012 年公布的《全面推广小额人身保险方案》中将小额人身保险定义为一类面向低收入群体提供的人身保险产品的总称，它具有保费低廉、保障适度、保单通俗、核保理赔简单等特点。此外，该方案还要求小额人身保险产品符合以下要求：（1）保险金额在

10 000—100 000 元;(2)价格低廉;(3)保险期间在 1—5 年;(4)条款简单明了,除外责任尽量少;(5)核保理赔手续简便;(6)主要针对低收入群体销售。可以看出,这是结合了小额保险的核心特点和主要特征,并具有可操作性的一种界定方法。

(二)小额保险的特点

从小额保险的定义中,我们可以发现其具有双重属性。其中提炼出的两个要点——以低收入群体为目标客户,以商业模式和保险原则运作——恰好勾勒出小额保险具有的社会属性和经济属性。社会属性关注的是小额保险聚焦于低收入目标群体所带来的公平、发展、脱贫、普惠等积极重大的社会意义,而经济属性强调的是以服务低收入群体为渠道构建一个可持续的,甚至是可盈利的商业模式。从某种意义上说,这确实像克雷格·丘吉尔(Craig Churchill)在《保障低收入群体:小额保险概论》(*Protecting the Poor: A Microinsurance Compendium*)一书中所做的比喻——小额保险如同古罗马神话中的两面神,在一体两面之下蕴含着千丝万缕的联系。孙祥栋(2012)对此也做出了经典的解读:"小额保险可以视为一种在政策支持下的扶贫手段,而获取商业利润可以看作小额保险持续稳定发展的必要支撑,使得小额保险的供给主体在利润的激励下,解决当前社会保障和传统保险供给不足的问题。"而另一方面,小额保险的双重属性也使得其发展面临种种困惑:政府与市场如何分工?盈利性和公益性之间如何平衡?小额保险到底如何加强公私合作,实现双重属性的兼容并包和可持续发展?这些是始终伴随这个行业一同成长,令实践者和学者们不断求索的话题。

在小额保险的定义中还强调了它可以由不同类型的主体提供,这恰恰是小额保险灵活性的体现。具体而言,小额保险的提供方可以是国际知名的保险集团,也可以是区域性的保险公司,抑或是小额金融企业的分支机构、非正规的金融组织、非营利组织,或是政府与这些组织合作建立的平台。值得注意的是,随着小额保险产品的兴起,越来越多的商业保险公司参与其中。根据国际劳工组织小额保险基金和慕尼黑再保险基金会的统计[①],2012年,全球最大的50家商业保险公司中至少有33家提供小额保险产品,而在2005年这一数字仅为7家。此外,从2007年到2012年,小额保险产品覆盖的投保人数也有大幅度的增长。据估计,这一数字从2007年的7 800万增长到2009年的1.35亿,2012年更是猛增到5亿。投保人数在短短5年之间足足增长了6倍,显示了这一行业巨大的成长性。

在小额保险的发展过程中,多方主体的共同参与是必不可少的。如孙祥栋(2012)提到的,"小额保险的发展与完善要求整个产业链的配合与完善。在产业链的上游,需要政府提供基础设施,包括制定和完善法律监管框架、整理和提供风险数据、推动和宣传保险文化等;在产业链的中游,需要小额保险公司创新产品、拓展营销途径,并与小额信贷产品相结合提供小额保险产品等;在产业链的下游,需要积极与国内外再保险公司配合,发展完善保险池。"通过整个产业链上下游的配合,才可能实现小额保险的稳步发展与可持续性。

此外,Churchill(2006)还总结了小额保险产品的七个特点,包括:(1)产品专注于承保低收入群体所面临的风险;(2)产品应尽可能面向广大客户群体,减少拒保的客户或者风险;(3)产品保费适中,不超出客户的承受范围;(4)产品利用团体保单的优势以提高效率;(5)产品条款和除外责任应简单、清晰;(6)理赔材料简便,流程简

---

① 慕尼黑再保险基金会新闻稿,"Microinsurance coverage expanding at breathtaking pace according to ILO and the Munich Re Foundation",2012年4月10日。

易;(7)强调消费者教育与培育。

二、小额保险发展的历史脉络

小额保险这一词汇最早被正式公开提出是在 1999 年。当年,有三篇报告分别提出并使用了小额保险(microinsurance)这一说法,包括国际劳工组织(International Labour Organization,ILO)的 David Dror 和 Christian Jacquier 所发表的论文"Micro-insurance: Extending health insurance to the excluded";ILO 所发布的研究报告"Synthesis of case studies of micro insurance and other forms of extending social protection in health in Latin America and the Caribbean";以及美国国际开发署(United States Agency for International Development,USAID)的 Warren Brown 和 Craig Churchill 所发表的报告"Providing insurance to low-income households: A primer on insurance principles and products"。[①]此外,早在 20 世纪 90 年代初的一些学术文章中也零星有人使用过小额保险这一说法。

众所周知,小额保险这一名称的源起与小额金融(microfinance)息息相关。除此之外还有另外一支与小额保险在理念上一脉相承的产品,它就是早在 19 世纪就在英国率先兴起的产业寿险(industrial life insurance,ILI)。我们将在下文详述产业寿险和小额金融这两种金融产品与小额保险之间的渊源。

(一)产业寿险与小额保险

产业寿险,也叫产业工人寿险,最初是为产业工人及其家属提供小额寿险保障的商业产品。1853 年,英国保诚人寿保险协会(Pru-

---

① http://www.microinsurancenetwork.org/history.php

dential Life Assurance Society)首先推出了这款产品。1875年,这种产品被传播到美国,最早由美国大都会寿险公司(Metropolitan Life Insurance Company)出售,并大获成功。20世纪40年代,美国保德信保险公司(Prudential Life Insurance Company)、恒康保险公司(John Hancock Life Insurance Company)和大都会寿险公司是产业寿险销售的三巨头。

产业寿险可以说是小额保险的鼻祖,它和小额保险的目标人群一致,在许多具体运作方式上也存在相似之处。特别是产业寿险已经经历过一个完整的产品周期,一个世纪内由盛至衰的历史对于目前仍处于萌芽成长阶段的小额保险具有重要的参考意义。

1. 产业寿险的发展周期

产业寿险于1875年进入美国市场,并在20世纪初蓬勃发展,它为保险公司吸引了大批客户并创造了可观的利润。在处于巅峰的20世纪五六十年代,其保单份数和保险金额均达到顶峰。1963年,产业寿险共承保了6 500万被保险人,总保单数达到9 800万份,而当时美国总人口数不过1.8亿。以保单数量而言,产业寿险一度占到了整个美国寿险市场的半壁江山,总的保险金额高达405亿美元。随后产业寿险盛极而衰,产品在定价、销售方面的一些做法为人们所普遍诟病,在监管方面也受到更加严格的限制,产业寿险产品日渐衰落,并面临转型。

图1-2和图1-3分别描绘了一百多年间美国市场上产业寿险销售的保单数和保险金额的变化趋势。

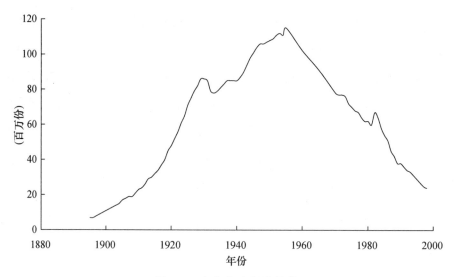

图 1-2　产业寿险保单份数

资料来源：Life Insurance Fact Book in 2000，The American Council of Life Insurers.

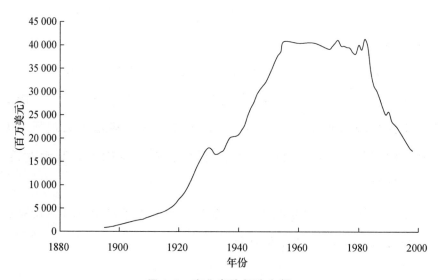

图 1-3　产业寿险保险金额

资料来源：Life Insurance Fact Book in 2000，The American Council of Life Insurers.

图 1-4 给出了美国产业寿险占寿险市场的份额的变化趋势,其中,实线描绘的是保单数所占比例,而虚线描绘的是保险金额所占比例。可以看出,产业寿险引入初期在寿险业的地位非常稳固——从 19 世纪末到 20 世纪中叶,其保险金额基本稳定地占据寿险业保险金额的近 20%,而保单数量占全部寿险保单的一半以上。20 世纪 60 年代,其产品形象饱受争议,监管要求随之收紧,导致销售一路下滑。到 20 世纪末,产业寿险衰落式微,基本从主流市场上绝迹。如今,这一类保单转而更名为家庭服务寿险(home service insurance),在美国寿险市场的影响力大不如前。

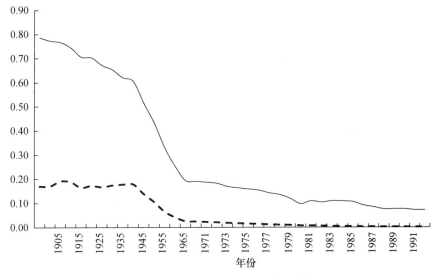

图 1-4 美国产业寿险占寿险业份额

注:图中实线代表产业寿险保单数所占比例,虚线代表产业寿险保险金额所占比例。

资料来源:Life Insurance Fact Book in 1992, The American Council of Life Insurers.

图 1-5 是一份由美国保德信保险公司在 1935 年 9 月 23 日签发的缴费期限为 20 年、保额为 500 美元的产业寿险保单。从中可以看

到,保单持有人每月缴纳的保费金额仅为 1.34 美元,且保单形式较为简洁。

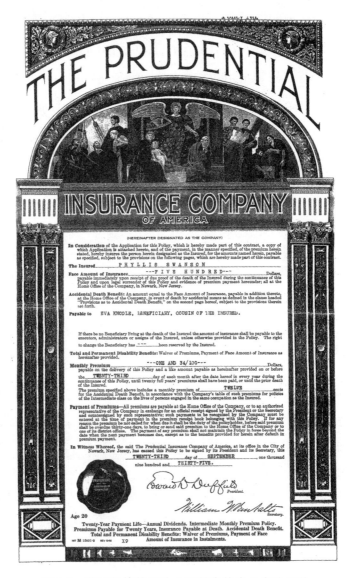

图 1-5　美国保德信保险公司签发的产业寿险保单

2. 产业寿险的主要特点

我们从保额水平、保费缴纳方式、保险代理人薪酬结构、核保环节、保单设计、保障范围和理赔环节几个方面来总结产业寿险所具有的主要特点。

在保额水平方面,产业寿险保单的保额较小,通常每份保单的保额不超过1 000美元,大部分保单的保额低于500美元。它最初主要用来支付丧葬费用,有的产品甚至是以实物(丧葬服务)而非现金方式兑付保险金。随着产品的普及,产业寿险保单的功能逐渐拓展到收入替代方面。由于每份保单的保障水平比较低,随着收入的提高,保单持有人购买多份保单的现象普遍存在。1963年,美国产业寿险的被保险人人均持有1.5份保单。投保人通常会为家庭成员也分别购买寿险保单。

在保费缴纳方式方面,产业寿险具有其鲜明的特点。大部分产品的保费是每周收取的,后期也出现了一些按月收取保费的产品。之所以按周收取保费,是因为产业工人当时发放周薪。而保险代理人在每周的发薪日到投保人的家里或者工作单位门口收取保费是这一产品的一大特点,这极大地增加了被保险人缴纳保费的便利性,并及时敦促被保险人持续缴费,同时,这有利于保险代理人及时地获知和更新被保险人的经济状况以及保险需求,降低了保单的失效率。由于保额较小,且保费收取频次高,被保险人每次缴纳的保费很低,可低至每周3美分,况且在发薪日收取保费使得被保险人有较强的支付能力,便于维持保单生效。为了提高保费收取的效率,每个保险代理人都有自己负责的固定区域,这个区域被称为一个"debit"(产业寿险也因而被称为debit insurance)。根据某大型企业1943年的统计数据,每位保险代理人每周平均要从自己负责的区域中收取400个家庭的产业寿险保费,周保费总计约为231美元。除了在区域内销售产业寿险之外,代理人还同时销售普通寿险。后期,随着产品设计逐渐完善,为了进一步节省销售成本,被保险人可以选择自己去保险公司的营业点缴纳保费,这样通常可以获得一定的保费优惠(如保费9折)。

在保险代理人薪酬结构方面,它主要由三部分构成:(1)首年佣金(first-year commission)。为了激励代理人向被保险人推销合适的产品,提高保单存活率,代理人只有在保单存续一年的前提下才能提取首年佣金。(2)上门收取保费总额提成(collection commission)。如果是区域内按周上门收取的保费,代理人可以提取12%的比例作为佣金;而对于按月上门收取的保费,代理人可以提取的比例通常在4.5%左右。(3)存续佣金(conservation commission)。为了激励代理人延长保单的存续期间,保险公司根据区域代理人保单存活率的相对水平向其支付存续佣金。例如,如果代理人的保单失效率高于公司平均水平25%,那么每周的存续佣金将降至2美元,而如果区域内的保单失效率低于公司平均水平20%,那么每周的存续佣金可升至6美元。通过这样的薪酬结构,保险公司降低了保单失效率,也降低了保险代理人流失的比例。1935—1943年间,美国以产业寿险为主业的大型保险公司中,保险代理人的流失率仅为8%。

在核保环节,产业寿险的核保条件较为宽泛,对被保险人的可保条件约束较少。出于保额水平以及控制成本的压力,保险公司通常不要求被保险人进行体检。在被保险人年龄方面通常也不设限制,但是当投保人年龄较大时,可能会要求其进行特定项目的身体检查。此外,产业寿险投保的申请表格较为简略,基本不需要提供既往病史信息,通常唯一需要提供的是家族成员肺结核的相关病史。由于产业寿险的保费和保额都较为有限,保险公司在核保环节需要控制成本投入,因此在核保环节主要考虑两个因素,即投保人的种族[①]和职业。与此同时,为了延长保单存续期间,保险公司还会考虑被保险人的支付能力,这体现在两点上:第一,需计算和把保费占家庭收入的比例控制在合理范围内。第二,需考察保额在家庭成员之间的分布情况。例如,仅当产业工人为自己投保的金额超过1 000美元时,才会允许其为妻子投保保额高于500美元的寿险产品。而对于以年幼子女生命为标的的投保,核保则更加谨慎。对于保额和保费总额通常都会限制在更低的水平(如200美元),以确保家庭的经济承受力,并降低道德风险。

在保单设计方面,产业寿险的保单形式简洁,保险代理人使用通俗易懂的语言向产业工人销售保单,以适应其理解能力。

在保障范围方面,产业寿险保单除了最初承保的死亡风险之外,还逐渐拓展到其他类型的人身保障。1916年,保单增加了意外伤残保障[②];1928年,保单又增加了意外死亡双倍赔偿保障。一些大的保险公司还附加了健康保险保障。1909年,大都会保险公司率先在保单中附加了这一保障,随后其他一些公司也提供了类似保障。它主要包括以下三个方面的服务:(1) 免费提供的护士门诊服务。1909—1943年间,产业寿险产品共计为所有被保险人提供了约940亿次门诊服务,其中很大比例是免费的孕期检查,这一举措促使这一时期内美国新生儿的死亡率显著下降;(2) 健康知识普及和疾病预防教育;(3) 疾病控制以及相关研究。

[①] 1925—1937年,产业工人中非白人的死亡率显著高于白人,前者比后者高出83%。
[②] 被保险人完全失明或者遭遇截肢后,保险公司豁免此后所应缴纳的保费,并按照保额进行全额赔付。

在理赔环节方面，保险公司尽量简化理赔手续，以便提高效率。为了提高理赔效率，代理人一旦获知被保险人死亡，可以立即通知保险公司分理处，以便在收到理赔材料后可以立即支付赔偿金。而为了加快小额理赔速度，分理处经理有权限省略与总部的信件往来，直接批复500美元以内的保险赔偿金。此外，产业寿险的拒赔比例也相当低，大约保持在1/700的水平。

3. 产业寿险的经验与教训

由于产业寿险在设计上贴近目标客户需求，以及具有有效的代理人激励机制，20世纪上半叶，这一产品为保险公司带来了可观的利润，成为美国寿险市场中重要的支柱产品，在保单数量和保障金额上都占有重要席位。但是，随着这一产品的不断普及乃至泛滥，销售队伍良莠不齐，其产品也遭到了越来越多的质疑。

对其质疑的焦点主要集中在两个方面：首先，产品的费用率居高不下。一方面，产业寿险的费用率高是有其特定合理原因的，例如保单的保额较低、相对应的低收入群体的死亡率较高，以及代理人提供的上门服务等；而另一方面，相比普通寿险，产业寿险，尤其是按周缴费的产品，其费用率确实过高，有的产品甚至超出了相应普通寿险费率的两倍。而随着客户经济条件的好转，购买一份额度更高的普通寿险显然优于购买多份产业寿险。现存保单无法直接进行转换，导致保费的浪费。这相当于针对现存的低收入客户的一种价格歧视。这种违背社会伦理和正义的定价方式遭到广泛诟病。

其次，对于产业寿险的质疑还集中在由不当的营销手段所导致的保单失效率逐节攀升上。由于产业寿险的保额较小，在发展的黄金年代，目标人群的合理保额已经趋于饱和，人均保单数也高达1.5份（甚至更高）。而为了推高销售额，有的代理人向客户继续高压推销产业保险保单,这超出了家庭实际的经济承受能力,造成保单失效率日渐攀升。而保单有限的转换灵活性使得许多这类过度销售的保单都因被保险人无力续费而宣告失效,且无法获得退保现金价值,最终造成了被保险人很大的经济损失。

这些做法严重影响了这一产品的形象与信誉,产业寿险产品陷入危机。20世纪30年代开始,纽约州率先颁布监管政策,禁止保险公司销售生死两全类的产业寿险保单。三大主要保险公司因此都停止了在纽约州销售按周缴费的产业寿险,改为销售按月缴费的小额普通寿险产品(最低保额调整为250美元)。

产业寿险的兴衰史对于小额保险具有一定的借鉴意义。在积极方面,产业寿险作为当时的朝阳产业,其最初的成功得益于贴近客户的设计,从保障内容、核保理赔、保费收取等各个环节都进行广泛创新,在为低收入客户提供最大便利性的同时降低了相应的管理成本,并设计了良好的代理人激励制度,使得代理人切实了解客户的需求,提高客户黏性。通过创新的产品和渠道设计,保险公司把保费低、保额小的产品推广开来,成为低收入的产业工人能够负担,且能给保险公司带来持续盈利的产品。而随着时代的发展,产业寿险与客户持续的、增长的、长期的保险需求脱节,产品的费率过高、可转换性差、保单失效率攀升、销售方式守旧、代理人良莠不齐,造成整体的产品形象破产,直至被监管部门限制销售,被迫转型。这说明保险产品是具有自己的生命周期的。为了保持生命力,产品需要随着客户的需求进行调整。针对低收入群体设计的产品虽然有其费率较高的合理原因,但费率过高、保单失效率过高并产生暴利会极大地影响产品的整体形象。而保险产品的信誉与形象是其生存的基石,一旦受损便很难恢复。最终,监管部门的干预对于产品存亡会产生致命的影响。

小额保险同样面向低收入群体,希望以可持续的商业运作方式为低收入群体提供合理保障。作为如今的朝阳产业,小额保险具有良好的产品形象。维护这一形象需要精准其产品定位,持续贴近客户需求,持之以恒地进行客户教育,并加强与监管部门的沟通合作。

(二)小额金融与小额保险

20世纪末小额保险的兴起与小额金融的蓬勃发展息息相关。众所周知,小额金融的目标客户群体也是被传统银行业所忽视的中低收入阶层。自20世纪70年代起,小额金融通过创新的手段和制度设计,以较低的管理成本调动了贷款者自身参与风险控制的积极性,使得贷款的坏账比率大幅降低,小额金融机构(Microfinance Institute,MFI)不仅最大限度地帮助底层人民获得生产、脱贫必要的资金来源,而且也在商业上获得意料之外的成功,实现了可持续经营。小额金融机构的灵魂人物——穆罕默德·尤努斯(Muhammad Yunus)博士因其创办的孟加拉乡村银行(Grameen Bank)的成功获得了2006年诺贝尔和平奖,以表彰其从社会底层推动经济和社会发展的努力。

具体而言,小额金融和小额保险的渊源主要可概括为以下三个方面:

首先,二者的理念相通,同属金字塔底层(BOP)理论在实践中的应用。它们都关注此前极少获得正规金融服务的低收入群体,也同样具有社会属性和经济属性这双重属性。它们相信低收入群体可以通过获得正规金融服务而受益;同时,低收入群体也可以成为具有巨大市场潜力的客户群体。小额金融在商业和社会影响力方面的双赢为小额保险的兴起、发展创造了良好的社会氛围和条件,使得人们对于小额保险亦能探索出一条成功之路增添了信心。

其次,小额保险在产品起源上与小额金融产品密不可分。最初兴起的小额保险产品主要是人身保险产品,尤其是与小额信贷绑定的小额信用寿险产品(micro credit life insurance)。一方面,是由于人身风险(死亡风险)是低收入群体最为关注的风险种类之一。另一方面,是因为小额信贷产品的蓬勃发展使得小额信贷组织关注贷款人在贷款未清偿这一时期内身故所造成的贷款逾期,甚至形成坏账的风险。为了系统性地转移这一类风险,一些小额信贷组织开始向客户推广相应的小额信用寿险产品。这一产品的期限和金额与贷款期限及贷款余额相匹配,一旦贷款人在贷款未清偿期间不幸身故(或伤残失能),由小额保单向小额信贷机构进行全额赔偿,贷款人遗属无须因债务而使家庭经济状况雪上加霜,而小额信贷机构的财务安全也获得了保障。为了简化投保流程并降低管理成本,小额保险的保费可以和贷款利息一并收取。而一些小额信贷机构为了规避小额保险可能产生的逆向选择问题,把购买小额信贷人身保险作为批准小额贷款的前提条件,这相当于强制或者半强制地推销保险产品。这样的做法在早期具有一定的积极作用,因为人们不熟悉小额保险,强制投保使得小额人身险在初期得到较快的发展,成为客户最早接触到的一类产品。随着目标客户群体逐步熟悉小额保险产品,以及小额保险机构脱离小额金融开始独立发展,小额保险逐渐拓展到包括普通寿险、健康保险、农业保险、财产保险在内的其他类型,为低收入群体提供更加全面而多样化的保障。

最后,在运营机构主体方面,小额金融和小额保险组织存在一定的重叠。如上文所述,尤其在小额保险发展的初期,一些小额保险产品最初是由小额金融机构或者其分支机构销售的。这一方面有利于小额保险利用小额金融机构现有的分销渠道和客户来源,以便摊薄分销成本;另一方面,小额保险也需要利用客户熟悉的小额金融机构作为背书，使得客户愿意信任和尝试购买第一份保险产品。为了满足监管要求，实现财务的独立性，并推广其他类型的保险产品，许多小额保险组织如今从原有的小额金融机构中独立出来进行运作。但直至今日，小额保险和小额金融机构在组织、分销、资金、客户等诸多方面的合作依然较为常见。

由于服务人群和理念的一致性，小额保险可以从小额金融的成功发展模式中借鉴良多。其中，最重要的核心在于产品和模式的创新。小额金融也面临着降低成本、管理贷款风险的挑战，但通过对于目标客户群体的深入调研和深刻理解，孟加拉乡村银行开创了由女性组成贷款小组这一创新性的管理模式。五名女性贷款人自发组成贷款小组进行自我管理，轮流贷出资金，并互相监督资金的使用情况。只有在上一名贷款人清偿贷款后，下一名贷款人才能够获得贷款。这大大降低了小额信贷机构和贷款人之间的信息不对称程度，并极大地降低了管理成本和贷款逾期的比率。[①]

与小额信贷组织相比，小额保险组织所面临的挑战更大。与信贷产品能够先获得贷款再归还这一顺序不同，小额保险要求低收入群体先缴纳确定数目的保费，以换取未来风险发生时获得赔付的权利。这对于大都没有接触过保险产品的低收入群体在认知上就是一个巨大的挑战。尤其是当风险事件并未发生时，保费也无法退还，这使得客户容易产生误解，影响小额保险机构的信誉。在销售和推广上，小额保险产品的种类更多，保单设计更加复杂，使得销售成本更加高昂。销售小额保险需要持续的消费者教育，在这方面需要投入巨大的人力、物力，这也是发展小额保险面临的挑战之一。

---

① 孟加拉乡村银行运行模式的详细信息请参见穆罕默德·尤努斯所著的《穷人的银行家》（吴士宏译，三联书店2006年版）。

小额保险和小额金融一样,都是构成普惠金融体系中的重要一环。二者之间也存在良性的互动。小额金融帮助低收入群体获得必要的创业资金,使其生财有道;而小额保险能够转移风险,免除后顾之忧,防止因灾、因病而返贫,使其避险有方。二者结合在一起能够形成有效的金融扶贫工具,激发低收入群体内在的潜力实现减贫、脱贫,摆脱输血式扶贫造成的依赖性和反复性。普惠金融体系下,金融机构的触角伸向社会各个阶层和各个区域。在监管框架和制度设计上把现有的正规金融机构所提供的小额产品业务,以及各类型的小额金融机构、小额保险组织都纳入整个金融体系进行合理规划和有效管理,是普惠金融体系得以健康发展的重要基础。

第二节 发展概况

一、小额保险的发展概况

小额保险自 20 世纪末开始兴起,近十多年来进入了快速发展期。据估计,全球低收入群体的消费市场潜在规模高达 5 万亿美元,这对于金融服务业来说也代表着巨大的发展机会(世界资源研究所和国际金融公司,2007)。据瑞士再保险 Sigma 研究报告称,全球有约 40 亿人口的日均消费水平低于 4 美元,这部分庞大的群体有望从商业小额保险和(或)公私合营保险计划中受益(瑞士再保险 Sigma 报告,2010 年第 6 期)。如图 1-6 所示,根据消费水平,可以进一步将这 40 亿人口分为两部分:日均消费水平低于 1.25 美元的 14 亿人可被归为极端贫困人口,他们无力缴纳保费,但可以通过政府救济项目或者由政府全额补贴的公私合营模式的保险计划获得风险保障;而日均消费水平在1.25—4美元之间的26亿人可被归为具有商业可行性的小额保险产品的目标潜在客户,因为他们具有一定的支付能力。通过小额保险及其配套的小额金融的产品服务,他们中的一部分人有望在一段时期后进入中等收入群体,从而开始购买其他常规的金融产品和服务。这潜在的40亿客户对应着全球范围内20亿—30亿份保单,以及所承保的包括人寿、健康、农业和巨灾风险在内的约400亿美元的保障。目前,小额保险虽然经历了快速的增长,但其总体保费收入规模较小,估计全球范围内的直接保费收入为8亿—12亿美元,目前的保险深度仅为潜在市场的2%—3%。

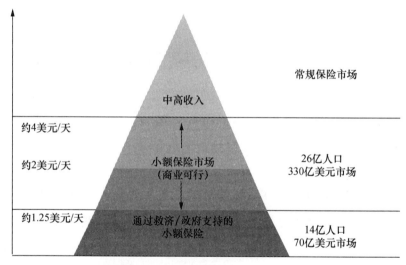

图 1-6　全球小额保险市场规模估计

资料来源:《小额保险——40亿人口的风险保障》,瑞士再保险 Sigma 报告,2010年第6期。

小额保险中心逐年发布了一系列比较权威的小额保险地区发展的研究报告(landscape series)。各大洲最新的调查数据(《亚洲和大洋洲小额保险发展概况2013》《拉丁美洲和加勒比地区小额保险发展概况2014》和《非洲小额保险发展概况2015》)显示,小额保险在全球的总保费已达到22亿美元。小额保险在亚洲、非洲和拉丁美洲的覆盖率分别为4.3%、4.4%和8%。在亚洲,小额保险的保费从2011年到2014年增长了64%,但小额产品保费占行业总保费的比例仍然仅为1.1%。在拉丁美洲,这一比例仅为0.5%(Microinsurance Network,2015)。这些地区的统计数据显示,小额保险近年来得到进一步的发展,各大洲的发展情况存在较大差异,但总体而言其市场潜力依旧很大。

(一)产品类型和商业模式

小额保险的产品类型主要包括小额人身保险、小额农业保险和小额巨灾保险。其中,人身保险市场的潜力最为可观,因为这是低收入群体需求最大的一类产品。在小额人身保险中,可具体分为信用寿险、丧葬保险、储蓄型寿险、养老金产品和健康保险,它们承保了低收入群体面临的死亡风险、长寿风险和疾病(伤残)风险。在小额财产险中,目前发展较多的主要是农业保险,以及巨灾保险。在传统保险市场中最常见的财产险产品(如车险、房屋险)并不适用于低收入群体,因为他们的财产积累有限,且愿为此支付的保费金额也不太具有经济可行性。

小额保险运作可分为多种不同的商业模式,包括:(1)直销模式,即保险公司直接为低收入群体开发专属产品,并利用自己的营销渠道进行销售;(2)合作代理模式,即保险公司和其他机构(如小额信贷机构、非政府组织、信用合作社、扶贫办或其他政府组织)合作共同设计开发产品,保险公司负责承担风险,而合作机构负责销售;(3)互助模式,即由非政府组织、社区组织自行负责开发和销售小额保险产品,成员之间分担风险;(4)提供商模式,即小额保险组织负责提供保险,而医疗服务供应商提供相应的服务;(5)公私合作模式,即由政府与私营部门(保险公司、非政府组织、小额保险机构)合作,提供产品补贴或者直接向保险公司或再保险公司购买巨灾保险;(6)回教保险(Takaful insurance),即专门机构所提供的符合伊斯兰教教义的小额保险产品。

这些商业模式各有其利弊和适用范围。直销模式下,保险公司可以直接接触到客户,有利于产品设计和服务的及时调整,但建立销售渠道的成本很高。合作代理模式使得保险公司和分销机构能够各自发挥比较优势,降低成本,但合作机构之间可能存在目标利益的不一致,导致效率损失,以及合作解散的风险,危及项目的长期发展。互助模式对于非政府组织在保险设计营销方面的专业性提出了较高要求,且如果该组织属于区域性组织,则不利于风险池的扩大以及风险的分散转移。提供商模式最主要的挑战在于需要找到合适的医疗服务提供商网络配合相应的小额健康险销售,使得投保人能较为便利地获得高质量的医疗服务。公私合作模式有利于产品的大规模推广,以及风险通过保险公司和再保险公司、资本市场在全球范围内分散转移,但其项目的可持续性和效率极大地依赖于政府的资助力度及其管理水平。

(二)区域发展概况

图 1-7 显示了瑞士再保险 $Sigma$ 报告统计的全球低收入人口在各大洲的分布情况。

亚洲、非洲和拉丁美洲是发展中国家较为聚集的地区,也是小额保险发展的三个主要市场。据瑞士再保险 $Sigma$ 报告称,亚洲是小额保险最大的潜在市场,其低收入人口的总量也是全球最大的。近年来,亚洲市场见证了小额保险的迅速发展,已成为全球小额保险最为发达的地区,这主要得益于小额信贷组织在亚洲的繁荣,以及相关

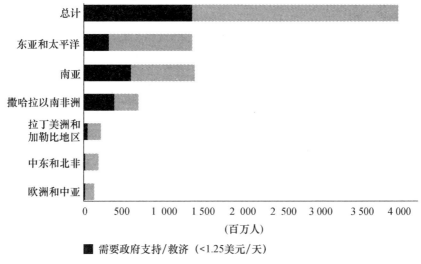

图 1-7 按地区划分的低收入人口规模

资料来源：《小额保险——40亿人口的风险保障》，瑞士再保险 Sigma 报告，2010 年第 6 期。

政策监管法规的扶持。据小额保险网络组织（Microinsurance Network）①发布的小额保险世界地图项目②所公布的数据显示，2012 年亚洲和大洋洲小额保险覆盖了约 1.7 亿人，覆盖率约为 4.33%。

具体来看，南亚地区的小额保险发展处于领先地位。印度是最早制定了小额保险法规并明确了许可经营条件的国家。这些法规要求保险公司必须在农村开展一定比例的保险业务才能够获得经营牌照，因而大大激励了保险公司开发和销售小额保险产品的积极性。印度的产品创新和产品规模都远远超过其他国家。孟加拉乡村银行是小额信贷发展的源头，相应地，其小额保险的相关业务也取得了长

---

① http://worldmapofmicroinsurance.org/
② http://www.microinsurancenetwork.org/

足的发展。几乎所有的保险公司都向低收入群体提供小额产品。2008年，其小额保险的保费总额约为常规保险市场的一半，很多保险公司的业务增加率超过20%。巴基斯坦的小额保险仍处于初步发展阶段，小额健康险是其主要的发展特色，起步得较早。这些计划大都获得了国际发展机构、非政府组织和阿迦汗基金会的支持。

在东亚地区，中国是小额保险发展的主要力量。2008年6月，中国保监会发布了《农村小额人身保险试点方案》，迈出了历史性的第一步。2012年7月，保监会又发布了《全面推广小额人身保险方案》。政策上的扶持推动了小额保险销量的增加。至2011年年底，仅小额人身保险一项，其覆盖人数就已达2400万。中国人寿保险公司是该市场的主导力量，市场份额高达90%，保费规模达10.6亿元，已覆盖约2000万人口。此外，中国太平洋保险、平安养老、新华人寿、中邮人寿和人保寿险等主要的保险公司都开发了自己的小额保险产品。中国台湾地区也在2009年通过了小额保险计划管理法规草案，为低收入群体提供定期寿险和人身伤害险。据估计，约有300万人口受益于这类计划。

在东南亚地区，菲律宾和印度尼西亚是具有代表性的国家。菲律宾已经制定了小额保险的专项法规，有效促进了小额保险产品的发展和推广。在该国，小额保险的保险深度约为5.4%，但在结构方面仍显得比较单一，近半数均为强制性的信用寿险产品。印度尼西亚的小额信贷系统较为完善，但小额保险仍处于初步发展阶段。

非洲的贫困国家较多，也有相当大规模的低收入人口，可以成为小额保险的潜在客户。在2006—2008年间，小额保险在非洲经历了强劲增长，被保险人数量增加了80%。小额保险的覆盖率从2005年的0.39%上升到2014年的5.43%，据估计已经覆盖了约6200万人口。① 南非的保险深度一直居于世界领先水平,其小额保险市场也较为发达。小额保险的相关法规正在研究制定,这将有利于规范并进一步拓展这一市场。而非洲其他国家的监管环境和基础设施水平在很大程度上制约着小额保险的发展。普遍而言,非洲市场仍处于萌芽阶段,丧葬保险仍是最主要的小额保险类型。

拉丁美洲也是小额保险强劲发展的地区之一。小额保险的覆盖率从2005年的1.47%上升到2013年的7.89%,覆盖了约4 800万人口。② 巴西是该地区最大的保险市场,小额保险也取得了迅猛发展,而该国的特色在于小额保险主要由商业保险公司直接提供,丧葬保险主要由殡葬组织提供。哥伦比亚的小额保险在2009—2010年实现了32%的保费增长,配套法规的完善使得该国小额保险市场在产品种类和规模上都迈入了新的阶段。秘鲁也出台了小额保险法规,这使得2009年该国小额保险实现了19%的保费增长,覆盖范围达到60万人,并有望继续拓展惠及该国的890万低收入群体。

(三)主要发展趋势

近年来,小额保险的国际发展新趋势主要体现为以下五点:

第一,小额保险的定义在实践中呈现多样化趋势。各个组织和研究机构从目标客户群、保险产品、提供机构和分销机构等多个角度定义小额保险。综合而言,小额保险是为低收入群体设计的商业保险产品,可由包括政府、非营利机构、小额信贷机构以及商业保险公司在内的多种组织提供,并可相应采取多种分销形式。

第二,小额保险的覆盖范围呈现扩大化趋势。2012年,小额保险已覆盖了亚、非、拉美地区100多个国家共计近5亿低收入人口。其

---

① http://worldmapofmicroinsurance.org/
② http://worldmapofmicroinsurance.org/

中,2011年,亚洲是最大的市场,承保了约4亿低收入人口,南美洲和非洲分别承保约5 000万和3 000万低收入人口。这一承保规模呈现爆炸式的增速(Churchill,2012)。

第三,小额保险的提供主体呈现多元化趋势。在实践中,小额保险成为一个横跨健康与社会保障、农业发展、气候变化、灾害管理、小额金融以及微型企业等多个领域的共通工具。随之而来的是,各类组织开始关注并积极参与小额保险的发展。除了保险公司和小额金融组织合作、社区互助合作等模式外,公私合作也成为一股重要的中坚力量。此外,政府、监管机构、再保险公司、咨询机构、技术平台、通信商和融资机构都围绕着小额保险的发展,做出各自的努力。据一项针对企业参与小额保险动机的调查显示,29%的受访企业表示开发新市场是其经营小额保险最主要的目的,另有20%的企业表示主要是出于营利目的进入这一市场。分别有17%和16%的受访企业表示主要出于企业社会责任和建立品牌形象的考虑提供小额保险产品(Churchill,2012)。

第四,小额保险产品呈现多样化趋势。各类产品的保障范围有所增加,也涌现出更多由消费者自愿购买的商业型产品。

第五,深度审视小额保险产品提供价值成为重要问题。随着小额保险产品的丰富和覆盖人群的增加,供应方更加注重衡量客户需求,并且评估小额保险产品是否为低收入群体创造价值。其中,主要趋势是通过实证研究评估项目的影响,并更加强调保护消费者的利益。

二、小额保险的相关研究组织和会议

随着小额保险这一概念获得越来越多的关注,政府、学界和实业界对于小额保险的理论和实践都展开了持续的研究和讨论。专注于这一领域的国际组织和研究团队也日益增加。其中,最具代表性的研究组织包括小额保险创新组织、小额保险中心和慕尼黑再保险基金会。

2008年，盖茨基金会提供了3 400万美元资助与联合国国际劳工组织合作建立了小额保险创新组织（Microinsurance Innovation Facility，MIIF），随后更名为影响力保险组织（Impact Insurance Facility，IIF），继续致力于资助小额保险研究项目，发布一系列研究报告，并在实践中推广小额保险产品。①

小额保险中心（Micro Insurance Center，MIC）②于2000年成立于美国的威斯康星州，是一家非营利的专业咨询公司。中心主任迈克尔·麦科德（Michael McCord）一直致力于推动发展保险公司与小额信贷机构的合作代理模式，并在发展中国家推广小额保险项目。他们接受商业保险公司、基金会、跨国发展组织、监管机构、非政府组织等客户委托，并与研究团队合作开展了大量小额保险的相关研究。在过去近20年间，MIC在70多个国家启动和推广了小额保险项目，并参与了许多研究项目。MIC所做的有代表性的一类咨询项目是关于小额保险地区发展的系列研究报告（landscape series），包括《全球100个最贫困国家小额保险发展概况》《非洲小额保险发展概况（2010、2012、2015）》《亚洲和大洋洲小额保险发展概况2013》和《拉丁美洲和加勒比地区小额保险发展概况（2011、2014）》。此外，MIC目前还在开展一项小额保险学习与知识项目的研究（Microinsurance Learning and Knowledge Project，MILK）。该研究为期三年，由盖茨基金会出资赞助，MIC与MIIF合作共同开展，旨在通过数据搜集和研究分析，切实回答小额保险发展中面临的两个重大问题：(1) 相比其他传统的应对风险的方式，低收入家庭是否真的能够从购买小额保险中受益？(2) 商业化的小额保险是否可行？我们在第三、四章所讨

---

① http://www.impactinsurance.org/publications
② http://www.microinsurancecentre.org

论的主题与 MILK 所关注的问题十分契合。

慕尼黑再保险基金会(Munich Re Foundation)始终关注小额保险的发展。自 2005 年召开第一届小额保险国际会议(Microinsurance International Conference)至 2015 年,这一会议已连续举办了 11 届。[①] 该会议聚集了学者、实业家和监管机构代表,讨论小额保险的理论和实践发展。每期会议概要出版成册,方便关注这一领域发展的人们了解新趋势和新问题。表 1-1 梳理总结了 11 届小额保险国际会议的会议要点和达成的主要共识。此外,慕尼黑再保险基金会还资助出版了克雷格·丘吉尔先生主编的奠定小额保险理论基石的两卷本著作——《保障低收入群体:小额保险概论》。

表 1-1　国际小额保险年会会议要点,2005—2015 年

年份	召开地	会议要点
2005	德国慕尼黑	首届会议以"让保险为低收入群体服务"为主题,通过 20 个在世界各地开展的小额保险案例,总结小额保险在世界范围内的发展经验,讨论在项目实践中值得推广的举措。与会者一致认为发展小额保险还面临诸多挑战,目前小额保险的覆盖率非常低,需要吸引多方关注这一市场发展。
2006	南非开普敦	第二届会议的主题是"为非洲提供保险服务"。来自非洲 12 个国家的与会者与各国际组织、保险行业的专家交流了他们对小额保险的看法。非洲平均的保险深度处于世界最低水平,保险覆盖率也很低,政府不能提供有效的社会保障项目,这使得非洲人民面临很多风险却缺乏保障。引入小额保险能够弥补社会保障角色的部分缺失。合理设计的小额保险产品有潜力在低收入群体中占据巨大的市场份额。本次会议还重点关注了在推广小额保险实践中获得的创新解决方案和经验,例如乌干达的小额健康保险和西非以社区为单位的医疗互助会(mutuelles santé)等案例,这些项目为解决小额保险推广中高额分销成本和保险文化缺失等共性问题提供了参考。另外,南非的大型零售商与保险公司进行合作推广小额保险的方法也提供了一个发展模式的新思路。

[①] http://www.munichre-foundation.org/home/Microinsurance/Microinsurance_Archive.html

(续表)

年份	召开地	会议要点
2007	印度孟买	第三届会议的一个重要主题是小额保险的监管制度。印度的保险监管环境独特,法律强制要求商业保险机构向低收入家庭提供保险产品,这使得印度超过3 000万的低收入者获得了保障。会议以印度为案例,探讨了有利和阻碍小额保险发展的监管因素,会议认为好的监管框架应该能兼顾小额保险和传统保险的共同发展,而合适的政策引导有利于小额保险的推广。此外,会议关注降低保险推广中行政成本的改革措施,强调发展适宜的、穷人可负担的保险产品。此外,由于印度等国家受全球变暖的影响愈加严重,小额保险在农业和自然灾害等领域的应用也引起与会者的关注。
2008	哥伦比亚卡塔赫纳	约450位来自世界各地的专家学者参加了在拉丁美洲召开的第四届小额保险国际会议,本次会议的主题集中在小额保险监管、网络技术应用、保险意识、创新销售渠道等方面。在保险监管方面,各国的政策有紧有松,印度通过强制私人保险机构提供小额保险产品的方式来扩大小额保险受益人群,而哥伦比亚用监管来调整保险人、政府和小额保险行业的关系(哥伦比亚是拉丁美洲重要的小额保险市场之一)。激励性的法规和强制性的法规哪个更有利于小额保险发展尚未有定论。此外,计算机技术在提高小额保险市场效率方面很有潜力,但需要慎重使用,因为虽然长期来看软件使用能使效率提高,但短期需要支付较高成本。相对保费而言,较高的行政成本依然是小额保险推广中的一个重要问题,在哥伦比亚,Mapfre保险和当地电力供应商合作,通过电费账单来抽取保费,这是一个成功的保险分销案例。最后,保险意识淡薄仍是问题。会议希望人们更多地通过保险手段,而非高利贷、黑市等方式解决风险问题。
2009	塞内加尔达喀尔	在小额保险的理论研究方面,第五届会议主要关注小额保险和小额信贷之间的联系,定价对保险需求的影响,以及小额保险对低收入群体经济行为的影响等主题。在实践方面,发展多样化的保险产品成为新议题。非洲小额保险市场飞速发展,超过1 400万的低收入人口获得小额保险服务,其中,简单寿险产品在非洲小额保险市场中占主体地位,而健康险、农业险、财产险等其他险种占比很小。塞内加尔由健康互助组织提供健康保障的案例为发展这类保险提供了思路。此外,小额保险在监管方面面临的困难和挑战依然是会议的讨论重点。

（续表）

年份	召开地	会议要点
2010	菲律宾马尼拉	第六届会议关注小额保险项目的案例和学术研究，主要讨论了分销渠道、理赔机制、小额保险的发展环境、自然灾害的解决方案和保险文化等各个方面的话题。召开地菲律宾拥有非常独特的小额保险市场，创新的四种发展模式使得小额保险惠及人数众多，菲政府也承诺全力支持小额保险的发展。在小额保险能否承保台风、地震、干旱等自然灾害方面，许多项目正在尝试。最新研究表明，此类产品可能需要提供更有价值的附加服务来吸引被保险人。此外，保险文化缺失是推广小额保险过程中面临的重要问题，本届会议介绍了传播保险文化的成功案例。在理论研究方面，会议关注对小额保险市场的经济分析，希望在理论研究和行业实践中架起桥梁，本届会议重点分享了关于消费者行为的分析。
2011	巴西里约	第七届国际小额保险会议围绕着"为低收入群体提供物有所值的保险产品"这一主题，讨论了小额保险的技术革新、小额自然灾害保险和公私合作模式等多个话题。此外，会议的另一个重要话题是小额保险的监管。与会者认为保险监管应该激励保险行业为消费者提供有价值的产品，监管部门要注意专门针对穷人的金融知识教育和消费者保护，但在小额保险是否需要建立区别于主流产品的监管框架这一问题上仍然存在争议。巴西作为拉丁美洲最大的小额保险市场，即将颁布一个全新的小额保险监管框架，保护消费者权益，规范小额保险项目运营，巴西的这一举措也将为小额保险的监管提供更多案例和经验。
2012	坦桑尼亚达勒斯萨拉姆	第八届国际小额保险会议在坦桑尼亚召开，这是会议第三次在非洲举办。非洲小额保险发展迅速，从2008年到2011年，被保险人人数增长到4 400万，涨幅达到200%，但是高速增长伴随着不平衡发展：产品中寿险产品占绝大多数，其余种类产品如健康险、农业险、意外险和财产险等都发展不足，与理论需求不匹配。会议还重点讨论了小额保险在坦桑尼亚的地位，以及怎样为低收入农民提供农业险等多个话题。此外，在会议期间，精算培训模块（Actuarial Training Modules）正式启动，这一教育模块旨在说明简单的小额寿险产品定价的关键步骤。最后，会议强调了消费者权益保护的重要性、保证保险市场的可持续发展，以及加强穷人对保险的信赖。

(续表)

年份	召开地	会议要点
2013	印度尼西亚雅加达	第九届国际小额保险会议公布了《亚洲与太平洋地区小额保险发展概览》。这一研究报告显示,从2010年到2012年,亚洲与太平洋地区被保险低收入人口数量增长了30%,在保险推广的过程中,政府计划起主导作用。从产品种类来看,寿险的覆盖范围最广,其余依次是意外险、健康险、农业险和财产险,除寿险外的其他险种的发展尚无法满足潜在需求,特别是农业险,需要政府介入引导。此外,提供良好的监管环境也是政府的一个重要任务,会议构建了监管者和保险从业者的交流平台,希望能从中总结经验,改善监管环境。最后,培养保险文化也非常重要,印度尼西亚金融服务局制定的目标之一就是要培养金融素养,提高保险意识,使得低收入群体能将保险作为一种风险管理工具。
2014	墨西哥墨西哥城	第十届国际小额保险会议发布了《拉丁美洲和加勒比地区小额保险发展概览》报告。数据显示,从2011年至2013年,拉丁美洲和加勒比地区的小额保险覆盖率从7.6%上升到7.9%,与此同时,小额保险发展的增速放缓,报告认为这是因为小额保险公司在设计保险产品和使用市场渠道方面更加慎重,停止销售部分不能盈利的产品。此外,通过电力公司作为新渠道销售的产品在市场份额中的占比逐渐提高。在小额保险未来发展方向上,会议认为仍然有更多的客户和潜在的销售渠道没有被发掘。会议还讨论了小额保险的盈利问题,有相当一部分机构能够盈利并愿意公开它们的财务情况,但是也有一部分机构由于较高的渠道佣金难以获得规模效益。
2015	摩洛哥卡萨布兰卡	第十一届国际小额保险会议发布了《非洲小额保险发展概览》报告。报告指出,虽然非洲的小额寿险依然是第一大险种,但是健康险、财产险和农业险都经历了快速发展,丰富了保险产品的多样性。从地域来看,南非依然是小额保险发展的主要市场,但其他国家小额保险的发展速度也非常快。在加纳、摩洛哥、赞比亚,手机网络运营商为健康险的服务提供和保费收取提供了巨大便利,大大推动了小额保险的推广。但是中介的影响力太大,使得销售渠道存在不稳定性,纳米比亚、津巴布韦、塔桑尼亚等国家保险覆盖率降低的案例说明,一旦渠道发生变动,对保险的覆盖面和保险产品的持续销售将产生重大影响。在技术方面,技术发展持续给保险行业带来巨大变化,特别是以手机运营商为渠道的销售方式对销售产生了革命性的影响。会议还讨论了政府职能问题,希望有更强的公共部门参与,特别是在健康险和农业险领域来推动发展。

在小额保险的相关数据方面,小额保险网络组织(Microinsurance Network)开展了小额保险世界地图项目,公布了全球各地区小额保险发展的调研数据。此外,Mix Market是专注于普惠金融服务业数据和分析的一家非营利组织。① 它提供小额信贷机构、小额保险机构等相关金融服务提供商的数据和分析服务。

---

① https://www.themix.org/

第二章 小额保险的需求问题

第一节 需求问题概述

根据小额保险中心2007年对全球最贫困的100个国家中小额保险发展情况的调研结果,全球已经有7 800万人口被小额保险所覆盖。随着小额保险在近十年的迅速发展,这一数字已急剧上涨到2.7亿。据小额保险世界地图项目统计,2012年亚洲和大洋洲的小额保险项目惠及了1.7亿人口,是全球最大的市场;2014年非洲的小额保险项目覆盖了6 100万人口,是全球第二大市场;2013年拉丁美洲和加勒比地区的小额保险覆盖人口也达到了4 800万,是全球第三大市场。① 虽然在政策支持和商业推广的双重助力之下,小额保险产品的整体规模和覆盖人口得以迅速增长,但对比其发展潜力而言,目前的市场规模还十分有限。根据瑞士再保险 *Sigma* 报告的估计,小额保

---

① http://worldmapofmicroinsurance.org/

险的潜在客户规模高达40亿,而其中商业小额保险项目的潜在客户规模也高达26亿。目前所覆盖的人口只占这一估计的10%左右。此外,低收入群体也需要包括寿险、健康险、意外伤害保障以及财产和农业保险在内的全面保障。目前,小额保险市场的发展虽然在覆盖人口方面有所提升,但在保障范围和产品丰富程度上还远远落后于传统的保险市场。

小额保险为低收入群体提供风险转移,使得这些原本被金融机构所忽略的群体可以通过正规渠道进行事前安排,以消除风险事件对家庭财务造成的负面影响和不确定性,防止诸如因灾、因病致贫、返贫事件的发生。政府出于完善和补充社会保障体系,发展金融扶贫,建立普惠金融体系的目的,普遍对小额保险项目的发展提供了较为宽松的监管环境和相应的扶持政策,甚至参与一些小额保险项目的出资并提供保费补贴。而提供小额保险的商业保险公司和非政府组织出于拓展业务和实现社会公益目标的考虑,也尽其所能拓展新的渠道向低收入群体销售产品。但现实的情况是,小额保险虽然理应是对穷人有益又划算的产品,但在其推广和销售过程中依旧不免遭遇冷场,需求不足是许多项目面临的首要困境。

本章关注小额保险产品的需求问题,旨在梳理和总结小额保险需求的相关影响因素,通过对各个影响因素的深入探究,分析有效需求不足的原因所在,并进一步提出相应的解决方法和政策建议。此外,我们还结合中国人寿在四川旺苍县推广的小额保险项目作为重点案例,分析拓展小额保险需求的方法、制度创新及其局限性。

第二节 小额保险需求的影响因素

保险需求可以从理论上被划分为多个层次,即自然需求、潜在需求、有效需求和现实需求(祝向军、金丽,2010)。其中,自然需求是指个人或家庭面对生命周期中损失的不确定性对保险存在的客观上的需求;而潜在需求是指人们能够意识到的保险需求,显然,这需要人们具有一定的风险意识和保险观念。在存在潜在需求的基础上,那些有实际支付能力的需求构成了对于保险的有效需求;而从有效需求转化为现实需求还需要外部环境的配合(比如保险公司提供合适的产品和便捷的渠道),以便消费者作出实际的投保决定。从这四个层次的保险需求定义,我们可以发现风险意识、支付能力和保险公司的行为都是影响保险需求的重要因素。

传统保险市场中,有关保险需求影响因素的研究开展得比较早,发展较为成熟,成果也比较全面。2000年以后,对于小额保险市场中需求影响因素的分析也越来越多地受到研究者的关注。Eling等(2014)梳理了2000年到2014年之间发表的关于小额保险需求影响因素的51篇实证学术文章,并根据Outreville(2013)提出的研究传统保险需求的框架将所有影响因素分为四大类,并对各个因素在传统保险市场和小额保险市场的影响和作用分别进行了比较。

在这一框架中,Eling等(2014)总结了12个主要的影响因素,并将其归为经济因素、社会和文化因素、结构性因素以及个人因素这四类。其中,经济因素主要包括两个:首先是(包含交易成本在内的)保险价格,其次是财富和收入。社会和文化因素包括五项,分别是风险态度、赔付风险、信任和示范效应、宗教以及财商和教育水平。影响小额保险需求的结构性因素主要包括三项，分别是非正规风险分担机制、服务质量以及风险标的。影响需求的个人因素包括年龄和性别。根据 Eling 等(2014)提出的框架和要素，下文结合现有研究分别对这 12 个保险需求的影响因素进行梳理。

一、经济因素

1. 保险价格

对于任何产品或服务而言，价格都是影响其需求的重要因素之一，小额保险产品也不例外。多篇实证研究都证实了随着小额保险价格的升高，保险需求将随之降低。Cole 等(2013)在印度降水保险项目中进行试验研究，随机提供不同数额的保费折扣以研究小额保险的价格弹性。他们发现，保险价格比合理的精算价格每降低 10 个百分点，人们购买该产品的可能性相应提高 10.4%—11.6%，也就是说，其价格弹性大约为 1.04—1.16。在获得较少折扣的组别中，22%—36%的受访者选择了购买保险，而在获得较高折扣的组别中，大约 30%—47%的受访者选择购买小额降水保险。Dercon 等(2012)根据肯尼亚的健康险数据也得出了类似结论。在以市场价格销售小额健康险产品的控制组中，只有 10%的受访者购买了保险；而在以市场价八折的优惠价格销售产品的试验组中，有 22%的受访者决定购买健康险。也就是说，八折的价格优惠幅度可以使消费者购买的可能性上涨 12%，由此可换算出价格弹性约为 0.6。Karlan 等(2012)在加纳北部的小额降水保险项目中测试了在高保费折扣的情况下表现出的产品价格弹性。当以合理的精算价格销售产品时，仅有 11%的受访者选择购买；当半价销售时，42%的受访者选择购买；而以四分之一的精算价格销售产品时,购买比率可进一步提高到67%,也就是说,测算出的价格弹性约为0.62—0.75。

在传统保险市场中,产品的价格弹性大约为0.2—0.4,这一估计显著低于小额保险产品的价格弹性(Marquis等,2004)。一方面,这些测算说明低收入群体对于价格的变化更加敏感,保费优惠政策能够起到立竿见影的作用。而另一方面,单纯使用保费优惠也会带来长远的问题,即项目可持续性的问题。显然,长期以低于合理精算价格的水平销售产品并非经营之道。很多小额保险项目在推广初期获得了政府应允的特殊政策或是外部提供的捐助资金,从而能够为投保人提供一定比例的保费补贴,这有利于促使不熟悉保险产品的人群尝试了解并购买小额保险。但随着政策有效期的逼近或是捐助资金的消耗殆尽,一旦保费优惠取消或者减少,产品续保就会面临巨大压力,很多项目在运行一两年后,其续保率急剧下降,甚至被迫中止调整。Thornton等(2010)在尼加拉瓜小额健康险项目中进行试验研究,随机挑选受访家庭赠送半年期价值96美元的保费补贴。他们发现,在这一优惠条件下,30%的受访家庭购买了保险,但一年后只有10%的家庭选择以原价续保。Fitzpatrick等(2011)尝试了更大幅度的保费折扣,在推广期仅以两折的价格销售健康险产品。在推广期结束一年半后进行的回访中发现,仅有6%的家庭仍然选择续保。Bauchet(2012)在墨西哥的小额定期保险项目中进行试验,随机取消部分家庭现有的保费优惠,并观测家庭是否继续购买。试验发现,保费优惠取消导致购买概率下降了11%。

保费衡量的是直观的保险价格,而除此之外购买以及使用保险服务还存在额外的交易成本。以健康险为例,购买和签署保单、提交理赔材料都需要额外的时间和成本,去医院就诊也需要支付其他相关的交通、食宿和陪护人员的费用（这部分费用不一定属于理赔范围）。这些都属于保险隐含的成本。同样地，交易成本的提高也会打压对小额保险的需求。二者之间的负向关系也被多篇实证研究所证实。很多研究小额健康险的实证文章使用与最近医疗服务点的距离作为解释变量，衡量服务的可及性，并发现这一距离与购买保险的可能性之间存在显著的负相关关系。在实践中，医疗服务网络在偏远地区分布不均也是小额健康险不易推行的重要原因。此外，受到产业寿险上门收取小额保费做法的启发，Thornton等（2010）设计相关试验，发现相比投保人自行投保，保险代理人到工作单位上门收取保费使得投保率显著提高了30%。保险代理人的可及性、服务机构的可及性、保费分期支付等制度设计都可以减少被保险人的交易成本，从而提高产品的吸引力。

总而言之，小额保险的价格弹性更高，目标人群对于保费以及其他相关交易成本的变化更加敏感。产业寿险的一些销售经验是小额保险可以借鉴的，比如上门收取保费、分期收取小额保费，分区由固定保险代理人负责产品销售和理赔受理以减少被保险人的交易成本等。

实际上，相比传统保险产品，小额保险的绝对价格虽低，但提供同等额度保障的单位费率更高。这是因为有限的保额下需要分摊较高的固定成本和销售成本。因此，低收入群体一方面受到自身支付能力所限，一方面面临着实际较高的保险费率，这一并造成了需求不足的问题。实证研究发现，降低价格可以显著有效地提高小额保险需求，但在大幅保费优惠不可持续的前提下，降价只是早期的销售策略，维持续保率需要其他影响因素共同发挥作用。

2. 财富和收入

财富和收入在分析传统保险市场的需求影响时也是重要的两个变量，它们通常被视为与潜在损失标的相关的一个估计值，也就是说，收入/财富越高，意味着所拥有的财产和人力资本价值越高，因此可能导致更高的保险需求。在宏观层面的研究上，Outreville(2013)指出，一系列现有研究已证实一国的国民收入与保险密度呈现正相关关系。但在个人层面，在相对避险系数递减（DRRA）的假设下，收入/财富和保险需求也可能呈现负相关。如果随着个人收入/财富的提高，个人对于收入/财富某个固定比例的损失越来越能泰然处之，这就属于相对避险系数递减的表现。此时，随着收入/财富的提高，个人有更高的能力自行承担损失发生的后果，对于保险的需求也随之降低。个人层面，收入/财富与保险需求之间的关系因此主要取决于个人风险态度的设定。

在小额保险中，收入/财富对于保险需求也同样存在正向影响，但其影响的路径与传统市场十分不同。事实上，目标客户群体总体上的财富水平十分有限。对于低收入群体来说，"财富"更多地代表具有一定的流动性能力和借贷能力，即刚刚能够支付日常开销，并且在风险来临的时候可以有少量存款或者固定资产以便获得非正式的借款。财富较少的低收入家庭通常意味着进行临时借贷的能力也较弱，如果能够获得保险，那么这会更有助于他们平复未来收入的不确定性，并从中获益，也就是说，保险对这些家庭的作用和吸引力更大。从这个角度来看，贫困的家庭对于保险的潜在需求更大。但另一方面，显而易见的是保险的有效需求受到家庭财富和支付能力的制约。也就是说，即便从理论上说保险对贫困家庭更有益，在损失来袭时可以更好地平复收入，但他们现有的财务约束不允许他们考虑购买保险。实证研究中发现,对于小额保险产品而言,支付能力的制约作用非常明显,因此,财富和保险需求之间依旧存在明显的正向关系。Gine等(2008)对印度的小额降水保险进行问卷调查,发现没有借贷能力和渠道的家庭购买保险的比例更低。

对于收入/财富和小额保险需求呈现正相关关系的另一种解释是,对于低收入群体而言,相对避险系数递减的假设可能并不适合。在总体收入/财富依旧有限的前提下,即便收入发生了一定幅度的上涨,人们对于固定比例的损失依旧难以招架,并需要保险来转移风险。Huber(2012)通过调研印度尼西亚的小额寿险项目发现,财富对于保险需求存在正面影响。Liu等(2013)研究了四川省的小额生猪保险项目,他们对受访者进行随机分组。在控制组中受访者需在保险期限开始时缴纳保费,这一组别中参保率只有4.7%,而在试验组中,受访者可以在保险期限结束时再缴纳保费,其参保率增加到15.7%。延期缴纳保费减少了支付能力对于需求的制约,试验结果也显示这一措施有利于提高保险需求。但另一方面,这个试验设计也有助于受访者提高对保险公司的信任,从而从另一个渠道解释了保险需求的增长。

由于收入和财富二者的相关性很大,一般实证研究会在二者之间择一进行回归分析。文献中选择财富作为变量的较多,而单独研究收入变量的文献比较罕见。与传统金融市场的客户不同,低收入群体的收入通常并非工资单上的清晰数字,而大都是非固定,也不易统计的农业、自营或者非正规就业收入。这使得对收入进行准确的实证分析存在一定困难。一些现有的以收入变量作为关注点的研究同样发现收入和小额保险需求之间存在正相关关系。例如,Jütting(2004)发现塞内加尔的一个小额健康险项目中,收入过低是人们不购买保险的重要因素之一。

李杰(2015)使用扩展线性支出模型的框架构建了我国小额保险需求模型。他使用 2011 年我国 19 个省份居民的收入、消费以及保险密度数据,通过回归分析估计出农村和城镇居民的保险边际消费倾向分别为 0.07 和 0.29。以此为基准估算出 19 个省份农村居民平均的保费支付能力大约在 5—170 元之间。其中,青海、甘肃、宁夏、陕西、贵州等西部贫困省区的平均保费支付能力都低于 50 元/年。小额保险在这些地区推行有其必要性和重要性,但同时也要考虑居民的实际支付能力,才可能产生有效需求。

二、社会和文化因素

1. 风险态度

传统的风险管理理论认为,人们的风险态度和保险需求之间存在相关性。风险态度可以从效用函数的形式中反映出来。线性的效用函数代表着风险中立型的消费者,购买保险与否对其效用不产生任何影响。风险爱好型消费者偏爱不确定性,因此不会选择购买保险,而风险规避型消费者厌恶不确定性,他们愿意支付风险保费以转移损失发生所带来的财务不确定性。风险规避程度越高的个人愿意支付的风险保费也越高,而实际中只要保险定价低于个人愿意支付的最高风险保费,风险规避的个人就会选择购买保险产品,以提高其期望效用。

在传统保险市场中,Zietz(2003)发现,采用实证方法定量分析个体的风险态度以及保险需求不一定能得出与以上理论完全吻合的结论。Kahneman 和 Tversky(1979)所提出的具有创新性的前景理论(prospect theory)在一定程度上可以解释这种出入。图 2-1 中原点代表参照点,描绘了人们在面对预期损失和预期收益时不同的效用函数形式。前景理论发现,人们在面对投机风险(可能发生损失,也可能获得收益的风险,如股市投资)和纯粹风险(只可能发生损失,而不可能获得收益的风险,如自然灾害)时,其风险态度可能是不同的。在面对投机风险时(即图2-1中的第一象限),大多数人是风险规避的,喜欢及时收手、落袋为安;而在面对纯粹风险时(即图2-1中的第三象限),人们很多时候呈现出风险爱好的特性,即倾向于认为最坏的结果不会发生在自己身上,愿意选择放手一搏。也就是说,人们的效用函数在预期收益和预期损失之间并不是呈现镜面的倒影。举例来说,捡到1 000元所带来的快乐低于丢失1 000元所造成的痛苦。保险产品一般保障的是纯粹风险,而非投机风险,这样可以避免被保

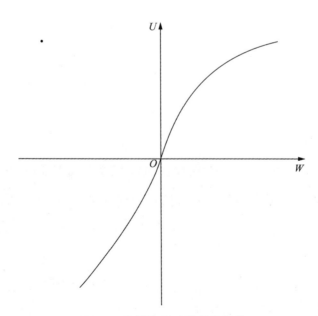

图2-1 前景理论下的效用函数

险人出于道德风险的缘故,故意增加损失发生的概率。那么,在前景理论的框架下,如果人们更多地呈现出的是风险爱好的特质,那么这可以解释保险需求不足。

在小额保险领域,Ito 和 Kono(2010)使用印度小额健康险的调研数据证实了低收入群体也具备前景理论所提出的特性,即在面对损失时是偏好风险,而非规避风险的。此外,低收入群体由于对保险产品有限的了解,很可能将保险视为一种有风险的产品,而非转移风险的工具。考虑到保险公司破产的可能,对于保险理赔的疑虑(例如,指数保险中基点风险的存在可能导致农户实际发生了损失,却无法获得全额赔付)都可能使得风险规避型的消费者反而倾向于不选择购买保险。

虽然理论上风险态度和保险购买之间存在清晰的联系,但在实证分析中,风险态度和保险需求之间的联系比较模糊。Cardenas 和 Carpenter(2008)进一步研究发现,并无明确证据指向发展中国家的低收入群体的风险规避程度与发达国家的富人之间存在明显差异。庹国柱、王国军(2003)也认为农民并不属于风险规避者,因此对保险需求的意愿较低。

刘艳芳(2011)推断出农民对于保险产品的效用函数曲线如图 2-2 所示。它在前半部分是一个凹函数,当收入水平提高到拐点 W_1 后变成凸函数的形式。这可以解释农民在收入很低的水平下呈现出风险爱好的特性,无力也不愿购买保险,而随着收入的提高,农民逐步转为风险规避型,也随之产生对于保险的需求。

2. 赔付风险

被保险人所面临的赔付风险是指购买了保单却在发生损失后无法获得保险公司全额赔付的这种不确定性。显然,这一风险的存在

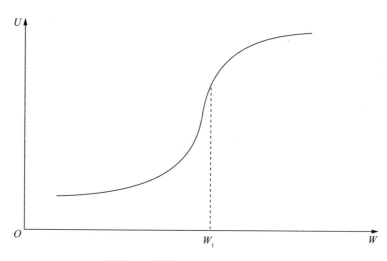

图 2-2　农村居民效用函数曲线

将对保险需求产生负面影响。这一负面影响在传统保险市场中已经得到证明(Wakker 等,1997)。

赔付风险可能由多种情况所导致。首先,最极端的例子是保险公司破产的风险。虽然这一比例并不高,但会给消费者带来巨大损失。因此,在发达国家成熟的保险市场中存在保险公司退出的机制,政府或行业组织一般会成立同业破产赔付基金,以支付破产保险公司应兑付的保险金。此外,再保险也是为原保险公司的信誉和财务安全再次背书的有利制度安排。Sommer(1996)通过实证分析证明,破产风险低的保险公司所出售的保险产品可以收取更高的市场保费,这间接证实了消费者愿意为规避破产风险支付额外的风险保费。

其次,保险条款的复杂性也会造成赔付风险。例如,保单中的免责条款可能造成被保险人发生了损失却无法得到赔偿。出于减少逆向选择和道德风险的需要,传统市场的一些保单,尤其是健康险和财产险保单通常还包含了免赔额、共保比例等条款,以实现被保险人和保险人的风险共担,并控制成本。但这些复杂的成本分担条款都很可能造成被保险人无法获得全额赔付。对于小额保险而言,这些制度设计的适用性并不高。一方面,它导致被保险人面临更高的赔付风险。人们大都是初次接触保险产品,对其的理解原本就十分有限,而最初一两次出乎意料的理赔结果可能会极大地摧毁小额保险的信誉,甚至扩散到被保险人的整个社交网络中,导致周围人对保险公司整体信誉的质疑。另一方面,保险公司为了记录和执行这些分担条款,需要更详细的数字化系统和更复杂的理赔流程,对于小额的赔付而言,其实施成本可能过高,也并不一定是一个合理的选择。

指数保险中的基差风险也是一类保险产品设计带来系统性赔付风险的典型例子。在天气指数保险中,保单规定保险赔付是与某个外在天气指数(如 24 小时内最近气象测量点的降水量)挂钩的。一方面,损失金额的厘定具有客观性,可以避免被保险人在发生天气灾害后人为夸大,或放任财产损失,产生道德风险。另一方面,也是为了减少保险公司在理赔勘定损失金额过程中所需的巨大人力、物力。因此,这种制度设计造成指数保险的赔付与被保险人实际发生的损失金额并非全然吻合,由此造成的赔付风险被称为基差风险(basis risk)。Clarke(2011)证明了在基差风险存在的前提下,风险规避的消费者倾向于选择不购买保险,避免发生损失后进一步加剧不确定性。Mobarak 和 Rosenzweig(2012)使用指数保险的数据进行回归分析,发现农民居住地与最近气象测量点的距离每增加 1 公里,其投保意愿随之降低 6.4%。与最近测量点的距离实际是基差风险的一个估计值——距离越远,基差风险越大,实际发生损失额和保险赔付的出入也越大,这也从直观上反映和测量了基差风险对于小额保险需求的负面影响。

3. 信任和示范效应

信任不仅仅是影响人们购买保险的一个重要因素,甚至可以说它是人们购买保险产品的前提条件。这也是"最大诚信原则"(the principle of "outmost good faith")在保险领域不断被强调的原因。对于仍处于发展初期的小额保险而言,信任更是事关整个行业的兴衰存亡。

在微观层面,Basaza 等(2008)使用乌干达小额健康险的数据,Schneider(2005)根据卢旺达小额健康险项目的调研,以及 Zhang 等(2006)对中国小额健康险项目所进行的多项研究,都得出了一致的结论,即培养人们对于保险产品的信任可以显著提高投保率。Cole 等(2013)在印度降水保险项目中进行了随机试验,他们培训村中德高望重的村民作为保险教育专员,并随机抽取家庭进入试验组,接受保险教育专员的入户访谈。结果发现,试验组的投保率比控制组显著高出 36%。

信任对于低收入群体作出购买小额保险的决策是至关重要的,这一点在学界研究和业界实践中都得到了证实,并被反复强调。那么,通过什么方式可以有效地建立信任呢?

第一,再保险公司的参与是建立信任的渠道之一。一些小额保险公司是由非政府组织所营运的,其财务可持续性可能因此而遭受质疑。通过购买再保险一方面可以有效地提高小额保险项目的财务安全性,另一方面也有利于在宣传中扩大影响力,获得多方的信任与融资支持。

第二,保单条款上的一些创新性的举措有利于建立人们对产品的信赖感。比如,此前我们提到的 Liu 等(2013)在中国进行的生猪小额保险中进行的试验,在试点中规定被随机选中的家庭可以延后到保险期限结束时再缴纳保费。这一设计有效地提高了人们对于保险公司的信任(至少可以有效规避保险公司的破产风险),从而熟悉整个产品的投保和理赔流程。该研究发现试验组的投保率是控制组的三倍。

第三,如果不能促使人们从实际的产品体验中建立信任的话,一些对于基本产品知识的普及、教育和试验性质的游戏都有助于消除人们对于保险产品的陌生感和疑虑。Patt等(2009,2010)设计了一系列的参与性试验,旨在通过游戏的方式使得受访者熟悉保险的概念和规律。他们发现参与试验有利于受访者建立对于产品的信任,从而提高投保率。但进行参与性培训教育的成本较高,也有学者认为在假设性的试验游戏中受访者所做的参保决定并不能等同于现实生活中的实际参保决定。这是这类研究和试验的局限性所在。

第四,保险公司能够有效地以较低成本建立信任的方式还包括与其他目标人群所熟悉和信赖的机构进行合作,由其为保险公司的行为提供潜在的背书。其中,典型的一类合作是保险公司与政府的合作,由"公家人"出面进行保险教育,甚至收取保费、牵头协调理赔。我国四川旺苍的小额保险就采用了这一方法。保险公司和地方政府建立了紧密联系,将参保率与地方政府人员的政绩年度考核成绩挂钩,在较短的时间内提高了小额保险的参保率。我们在本章的案例研究中将对这一产品销售方式及其实施效果进行详细分析。除了政府之外,在一些小额金融组织发达的区域内,许多小额金融组织随之建立了自己的小额保险组织分支,向客户销售保单。显然,这样的安排也有利于在原有基础上延续客户对其的信任感,并由此更快地拓展业务。孟加拉乡村银行及其分属小额保险公司的发展就沿袭了这一路径。

第五，由目标人群所信任的个人或群体对小额保险进行宣传和背书也会起到良好的效果。低收入群体大都集中生活在乡土社会，传统的社交网络对其生活和决策会产生有力的影响。周围亲朋好友的投保决策会带来示范效应，而其被拒赔、惜赔的经历也会被口口相传，使得人们对于保险避之不及。Morsink 和 Geurts(2011)用实证方法研究菲律宾小额台风保险，发现人们会通过观察熟人在台风过境后所获得的理赔结果，做出自己的投保决定。Cai 等(2011)设计了一系列试验证实了通过熟人之间社交网络的信息传递，辅以财务和保险知识的普及，可以有效提高对于小额保险的需求。

4. 宗教

在传统保险市场中，学者们对于宗教和风险态度之间的关系进行了大量研究，但其结论远未达成共识。一些学者认为，宗教信仰使得人们信赖神明将护佑自己的未来和命运，因而在面对风险时呈现出风险爱好的特征(Gheyssens 和 Gunther,2012)。而另一些学者研究发现，具有宗教信仰的人整体而言具有规避风险的倾向(Bartke 和 Schwarze,2008；Noussair 等,2012)。此外，显然不同的宗教教义对于人们行为和风险态度的影响也是不同的，因此宗教对于风险态度的影响难以一概而论。而且，即便实证研究证实了某种宗教和信教者风险态度之间的关系，但宗教和保险需求之间的关系仍然是不易界定的(记得上文中我们谈到了风险态度和保险需求之间的关系也尚无定论)。

可以肯定的是，宗教对于保险需求的影响渠道除了教义的具体规定与指向性之外，它还是一类特定的社交网络，并可以经由教友和相应的组织活动建立对于保险公司、保险产品的信任(或者质疑)。

与其说我们关注的是宗教如何影响小额保险的需求，不如说我们应当致力于在信教地区开发符合宗教教义和规范的小额保险产品，以引导有效需求的产生。这一类实践最典型的案例就是回教保险（Takaful insurance）。它是一类根据回教原则而制订的保障计划。通过参与献金（tabarru）的方式，参与人奉献一定的金额进入回教基金中，这相当于接受了一份契约（aqad），并认可当其他参与人发生损失时，彼此互相周济。如果在契约期限内，参与人没有进行索赔，那么参与人可以根据预先设定的比例分享回教保险基金的盈余。回教保险在伊斯兰地区的推广和普及也在很大程度上帮助低收入群体得到了有效的风险保障。

5. 财商和教育水平

财商（financial literacy）和教育水平也是两个在实证研究中经常出现的影响保险需求的要素。

财商是指人们所具有的财务知识的水平，以及管理个人、家庭财务的能力。在调研中，研究者通常采用一些标准化的问卷，例如简单的复利计算等，来考察和衡量受访者的财务知识水平。在有关发达国家成熟市场的研究中，专门研究财商与保险需求的成果并不太多。在小额保险的研究中，许多学者以及从业者认为缺乏基本的财务知识，难以理解保险产品是阻碍人们购买小额保险的重要原因之一，因此，一些学者和小额保险项目合作进行试验，希望通过培训受访者，普及基本的财务知识和风险管理概念，以期提高小额保险的投保率。这类试验发现，财务知识的培训课程确实有助于提高项目的投保率（Cai 等，2011；Gaurav 等，2011；Gine 等，2011）。此外，Hill 和 Robles（2011）还发现相比随机挑选个人进行培训这一方式，将人们分成若干风险分担小组并对团队骨干进行培训的效果更加明显。团队骨干可以有效地扩散信息和组织活动，使得保险公司以更低的成本加强培训效果。

在实证研究中,由于通过问卷衡量财商的实施成本较高,因此很多时候学者使用教育水平作为替代变量,转而研究教育程度对保险需求的影响。教育程度与财商这二者之间确实具有相关性,但显然并不一定非常紧密。举例而言,一位考古学博士至少要在校园里度过二十多年的宝贵时光,可能在夏商周断代方面颇有建树,却对金融财务知识知之寥寥;而学历不高却精打细算、事业成功的商人也比比皆是。一些学者(如 Chen 等,2013;Huber,2012)发现教育水平对于小额保险需求能够产生正向影响,但是在考虑了财务知识水平后,研究者通常发现教育水平本身对于保险需求并不存在额外的解释力(Cole 等,2013;Gine 等,2008)。这一发现对于开启小额保险的需求而言似乎是一个好消息:为了引导穷人购买小额保险,我们并不需要提高他们整体的教育水平和年限,只要通过具有针对性的短期财务知识培训就能达到效果了。而且,为了节约成本,我们甚至并不需要直接对全员进行培训,而是可以选择性地培训骨干,并发挥帮代作用进行信息传播,也能够达到良好的效果。

三、结构性因素

1. 非正规风险分担机制

低收入群体长期被正规金融市场所忽略,但在这一过程中,他们也适应性地发展出一些非正规的风险分担机制。例如,在损失发生后找亲朋好友、远亲近邻借钱救急,或者通过其他社会网络,比如宗族、生产组织、行政组织等获得应急资金以渡过难关。在发展中国家,尤其是农村地区,这类社会网络相当发达,所衍生出的非正规风险分担机制也是源远流长。相比通过保险这类正规机制进行风险转移分担，非正规机制有其方便、灵活的优势，但其不确定性也很大——是否能够通过社会网络及时筹措到足够的资金渡过难关是未知的。即便借到了钱，日后归还的压力对已然遭受了损失的家庭而言也可能是一笔不小的负担。相比之下，保险通过事前缴纳保费，充分平抑未来家庭财务的不确定性，能够在损失发生后及时足额抵消负面影响，是具有其优势和吸引力的。

Arnott 和 Stiglitz(1991)提出的理论认为，非正规风险分担机制对于保险需求存在挤出效应。显然，如果非正规机制十分发达且有效率，人们购买保险的意愿就会降低。在发达国家的传统保险市场中，非正规风险分担机制已然式微。与商业保险相对应的另一种风险分担机制是社会保险。理论上，学者们认为社会保险的存在会降低人们对于商业保险的需求，二者之间存在较强的替代关系。但实证研究的结果发现，社会保险和商业保险之间也存在一定程度的互补性。例如，社会基本医疗保险在保障范围和水平上的不足会引致人们对于商业补充医疗保险的需求。

在小额保险领域，非正规风险分担机制和正规机制之间也存在类似的复杂关系。一方面，学者们通过实证研究发现二者之间存在替代效应和挤出关系。Jowett(2003)使用越南小额健康险的调研数据发现，生活在关系紧密团结的社区中的家庭购买小额健康险的概率明显低于关系松散的社区。另一方面，非正规风险分担机制通常是基于某种社会网络而存在的。正如我们在之前讨论信任因素中所提到的，社会网络还有一层传播信息和协助保险知识普及的作用。紧密的社区、发达的社会网络因此也可能会在小额保险推广之际发挥助力，推动其普及。实际上，非正规风险分担机制对于小额保险需求的作用主要还是取决于其载体——社会团体的性质和作用。例如，在宗族势力非常强大的较为封闭的社区内,宗族是解决纠纷、划分财务权利,乃至风险分担的主要中介,那么这对于小额保险的需求可能会产生负面的影响。而村委会这种本身并不具有太多风险分担功能的组织,如果与小额保险组织合作,可能起到宣传和推动小额保险发展的作用。

在天气指数保险的研究中,学者们发现了这种正向关系的例子。Mobarak 和 Rosenzweig(2012)研究发现由于指数保险中存在基差风险,农民在遭受损失后所获得的保险赔付和实际损失额之间会存在出入,这一风险本是抑制保险需求的不利之处。而在那些关系紧密的社区中,村民们整体获得的保险赔付在某种程度上被视为一种共有财产。社区领袖担任协调管理的角色,在社区范围内对于保险赔付进行再分配,使得保险赔付与各家的实际损失更为贴合,也将赔付更多地向实际损失严重的农户倾斜。因此,在关系紧密的社区中,天气指数保险的基差风险得以一定程度上被抵消,保险需求随之上升。这也是社会网络辅助小额保险,与之形成互补关系的一个案例。

在实践中,重要的是了解所在地区现有的非正规风险分担机制及其相关组织的现状,并结合其特点和优势,因地制宜、因势利导,协调社会组织的力量共同发挥作用,而不是一味地强行推广小额保险,并破坏原有的分担机制。共赢其实更有利于小额保险实现有效率和可持续的发展。

2. 服务质量

服务质量这一变量主要是指小额健康险产品所提供的医疗服务质量。小额健康险是低收入群体非常渴望拥有的一类保障,但是实践中提供小额健康险面临着种种困难。其中,最主要的挑战之一就是这一产品的提供是与医疗服务的可及性及其质量紧密相关的。保险公司善于提供和管理投保、理赔等相关的保险服务,但医疗服务网络的建设和管理很可能并不在其掌控之中。而在发展中国家相对偏远的贫困地区为低收入居民提供合理、便捷、可靠、高效的医疗服务,其难度可想而知。

在推广小额健康险时,保险公司一般会选择现有医疗网络所覆盖的区域,从而确保医疗服务的可及性。与此同时,医疗服务的质量也会对小额保险的需求产生重大影响。De Allegri等(2006)研究证实,西非农村地区小额健康险的投保率与其最近的医疗中心的服务质量息息相关。Nguyen和Knowles(2010)在越南的研究也得出了类似结论:距离最近省级医院越近,医院等级越高,居民的投保率也越高。反之,通过分析乌干达、西非和肯尼亚等地区小额健康险的调研结果,学者们发现医疗服务质量低下是解释小额健康险投保率低、退保率高的主要因素之一(Basaza等,2008;Criel等,2003;Mathauer等,2008)。此外,Dror等(2007)还衡量了小额健康险所承保的医疗服务的种类和范围,并发现这一要素显著影响人们的投保决定。由此可见,在推广小额健康险时,选择合适的地区以及医疗服务提供网络是十分重要的。一方面,服务网络应贴近目标客户人群,深入社区,以降低人们寻求医疗服务时需支付的相关交易成本(如交通费用、时间成本等)。另一方面,小额保险也应尝试与医疗服务网络建立更紧密的联系,在一定程度上掌控医疗服务的质量和管理。例如,巴基斯坦的AKAM小额健康险与医疗服务提供商同属阿迦汗发展组织旗下,从而推进紧密合作与联系,在巴基斯坦偏远的北部地区为低收入居民提供服务,并实现了较快速的发展。

3. 风险标的

风险标的的规模和发生概率是影响保险需求的一大因素,尤其是近期刚刚蒙受了损失的个人,其购买保险的意愿通常变得更加强烈,这一关系在传统保险市场中得到了研究数据证实。

人们对于风险的认知受到自身经历的直接经验和他人经历的间接经验所影响。在认知领域,近期偏差(recency bias)就是指人们在心理上倾向于夸大刚刚经历的事件的影响力,而随着时间的推移又会逐渐淡忘和低估事件的实际影响。也就是说,人们对于损失的影响评估并非客观和线性的。这一规律不仅仅适用于发达国家的传统保险市场,也同样适用于发展中国家的低收入群体。Cai 和 Song(2013)进行试验发现,刚刚进行的培训游戏中所发生的损失试验结果对于受访者提高保险需求的有效性甚至高于一年或更久远以前真实发生的损失事件。在损失这类负面认知事件中,人们在事件发生后首先产生一定程度的(过度的)应激反应,而后一段时间内又变得健忘起来(正所谓"好了伤疤忘了疼")。Turner 等(2014)研究了巴基斯坦一次罕见的洪水发生后,人们对于小额保险的需求的变化。他们发现住在洪灾区的人们,其购买保险的意愿显著高于非洪灾区的居民,这一结果并不只是对洪灾区那些自己真正遭受了损失的居民才适用。事实上,那些幸运地免于受灾的灾区人民在见证了周围人发生的实际损失后,也同样提高了自身的保险需求。此外,研究者发现,将这次大洪灾作为解释变量时,在此之前发生的若干次小洪水对于人们购买保险的需求不再具有额外的解释作用——这一结果也证实了近期偏差的存在——影响人们购买决策的仅仅是近期发生的这次损失事件。

诚然,灾害损失的实际发生会颠覆人们对于损失概率、损失规模的认知,同时在认知偏差的作用下,短期内会极大地增加人们的风险意识,提高投保积极性。但另一方面,尤其对于以低收入群体作为目标客户的小额保险而言,近期发生的损失也会在很大程度上削弱人们的支付能力,从而可能造成有效需求不足,实际保险投保率降低。Ito 和 Kono(2010)发现,户主健康状况堪忧的家庭投保小额健康保险的概率更低。Arun 等(2012)也发现,遭受了严重损失的家庭购买保险的可能性随之降低。

除了损失发生造成的经济约束之外,损失的连续发生也会通过改变人们的认知而影响人们的保险需求。与近期偏差不同,热手效应(hot-hand effect)是指当人们已然经历了多次损失事件后,可能会高估自己的能力,并低估损失的影响,从而认为自己"命硬",总有办法能扛过去,未来也会更加顺利,因此降低对于保险的需求。Galarza 和 Carter(2010)在秘鲁进行的实证研究证实了热手效应的存在。

总而言之,过去发生的损失事件对于人们认知的影响是多重的,同时,它也会改变家庭的经济能力,从而影响对于保险的有效需求。近期偏差对于保险需求的作用已经得到共识:虽然灾害事件削弱了直接遭受损失家庭的支付能力,但是普遍而言,所有见证了灾害发生的家庭在短期内都会产生更高的保险需求,这也是建立风险意识、普及保险教育的一个良机。把握灾害发生后的有限时间窗口,可以有效地提高目标人群,尤其是实际支付能力未蒙受严重损失的家庭的保险需求。

四、个人因素

1. 年龄

在有关保险需求的实证研究中,年龄常常作为一个控制变量包含在回归分析中。在传统保险中,年龄对于保险需求的影响就是不确定的。有的实证研究发现保险需求随着年龄的增大而递增,有的实证研究发现二者之间存在递减的关系,或是不存在显著的相关性。同样地,在小额保险市场中,学者们对于年龄对保险需求的影响也远未达成共识。在特定产品中,比如小额寿险或者小额健康险,年龄可能在一定程度上代表了损失发生的概率,从而对保险需求产生影响。另一方面,年龄也与支付能力有一定的相关性,从而影响保险需求。但即便在小额寿险这一单一险种中,学者们也未能就年龄的影响得到统一的结论。

事实上,学者之所以关注年龄,大都不是因为年龄这个变量本身,而是在控制了年龄这一基本要素后关注其他变量的影响。在业界推广小额保险的实践中,年龄的重要性一方面在于需要符合监管要求,例如投保人或者被保险人的年龄需在一定的区间之内。另一方面,为了更有效率地推广保单,并降低逆向选择的程度,一些小额保险项目要求以家庭为单位投保。此时,当保险公司无法掌握太多被保险人家庭成员的健康信息时,家庭成员的年龄结构可能会被考虑作为风险发生概率的一个粗略估计值(Yao,2013)。

2. 性别

在小额金融的推广和普及过程中,女性发挥了关键的作用。在孟加拉乡村银行最初的贷款小组模式中,所有的参与者都是女性。穷苦的女性是管理家庭经济的重要力量,也被认为更有韧性和吃苦耐劳的精神。由女性申请并管理使用贷款在这一实践模式中获得了双赢:一方面,女性地位在低收入地区获得提高,社会收益得以实现;另一方面,小额贷款的呆账、坏账比例很低,小额金融组织也得到了可观的财务收益。

在小额保险中,女性的作用并不像小额金融中那么明显和直接。性别对于保险需求的影响可以通过多个途径实现。首先,性别影响人们的风险态度。学者们通过实证研究已经达成共识:相比男性,女性通常容忍风险的水平更低,也就是呈现出更加风险规避的特点。这与女性所受的相对保守的教育、被社会强化的守规矩的性别角色、女性有限的社会地位和经济能力有关。理论上,风险规避程度越高,保险需求也越高。但是在小额保险相关的实证研究中,学者们并未发现女性与保险需求之间可以建立明确的正向关系。这一点并不难理解,我们此前在风险态度因素一节中已经发现,实证中风险规避并不必然等同于保险需求的提升。因此,女性和保险需求之间也并不必然存在正向关系。

其次,普遍而言,女性的收入水平不如男性。因此,即便女性由于风险态度的缘故存在更高的潜在需求,但却不一定有能力将其转化为实际的有效保险需求。在传统保险市场中,Gandolfi 和 Miners(1996)发现,女性是否购买保险的决策是与她是否参与劳动力市场紧密相关的。而在小额保险市场中,女性作为户主的家庭可能在购买保险时处于劣势。这是因为女性成为户主在一定程度上可能意味着家庭缺乏男性劳动力,从而影响整体的经济支付能力。

第三节 案例研究:中国旺苍小额扶贫保险项目

一、旺苍县贫困村互助社与小额扶贫保险试点概况

在保监会与国务院扶贫办的协调推动下,2011 年中国人寿保险股份有限公司与国务院扶贫办外资中心、四川省旺苍县人民政府合

作开展扶贫小额保险试点项目,致力于探索小额保险与村级互助扶贫基金相结合的国内首创新型扶贫模式。这一模式下扶贫保险与贫困村资金互助社相结合。下文先对互助社的发展概况和组织架构进行简要介绍,再具体介绍小额扶贫保险项目的运行概况。

1. 贫困村互助社

旺苍县位于四川省广元市,地处四川盆地北缘,辖区面积约 2 975 平方公里。2004 年后,旺苍县共辖 15 个镇、20 个乡。① 全县户籍人口约 45 万,农村人口约 35 万,其中 7.3 万属于贫困人口。2013 年,该县农民人均纯收入约为 1 647 元/年。

2006 年,国务院扶贫办开始试点组建贫困村村级发展资金互助社,全国各地的互助社在资金规模、管理方式方面存在很大差异,旺苍采取的是比较保守的"不吸储、不分红、不跨行政村"的模式。

根据《四川省贫困村互助资金操作指南》,互助社成立的程序是:首先,扶贫资金由省拨付到市,再到县,县里各村通过竞选建立互助社,互助社负责为借款社员提供配套培训,还需成立互助社理事会(社员不少于 50 户)。截至 2014 年,旺苍共有 352 个村,其中包括 105 个贫困村。2006 年到 2008 年 9 月,全县分四批共计发展了 86 个村设立资金互助社。

在开展了资金互助社的村子,村民入社需要先行缴纳互助金。对于贫困农户可以予以缓交、免交互助金。社员存入互助金后,最多可获得 10 倍于互助金的小额贷款。第一次贷款的上限为 3 000 元,此后提高至 5 000 元。有个别运营良好、资金充裕的互助社可以特批贷

---

① 分别为东河、嘉川、木门、白水、尚武、张华、黄洋、普济、三江、金溪、五权、高阳、双汇、英萃、国华镇,以及龙凤、大河、九龙、万家、柳溪、农建、化龙、大两、燕子、水磨、鼓城、万山、正源、天星、檬子、福庆、枣林、麻英、盐河、大德乡。

款上限到单笔 1 万元。贷款分为 10 个月连本带息等额偿还,即从第三个月开始每个月偿还本金的十分之一加利息。互助金贷款利率由社员大会制定,大都处于月息八厘,年息 9.6% 左右的水平,各互助社之间的利率可能有所不同。

社员自愿结成 5—7 人的互助小组,每家派一个代表入社、入组。社员借款需小组所有成员签字同意之后交给村互助社理事会审核,同时获得贷款的户数不得超过小组成员总数的三分之二。理事会由理事长(通常由村支书或其他村干部担任)、执行组长和监督组长组成,此外工作人员还包括监督小组组员、会计和出纳。理事会审批社员申请,并决定是否发放贷款。如果贷款逾期不能偿还,将由该小组所有成员共同承担连带责任。

扶贫与移民局自 2006 年至 2013 年年底累计投入 1520 万元(其中包括 1290 万元扶贫资金和 230 万元奖励资金),村民共存入互助金 321 万元,公益金 70 万元,互助社资金总额共计 1911 万元。八年间累计发放 7700 万元贷款。扶贫局在每个村成立互助社时先期投入 15 万元扶贫启动资金,目前运行最好的互助社余额达到 40 万元左右。自 2006 年以来,扶贫互助社运行秩序良好,基本实现百分之百还贷。

2. 小额扶贫保险

旺苍的小额扶贫团体借款人意外险(小额团体意外伤害保险)是由国务院扶贫办与中国人寿合作,由保监会发文支持的全国扶贫小额保险试点工程。该产品以村为单位承保,全村签发一张保单。扶贫保险是与互助社结合设计的产品,第一受益人为互助社,顺位受益人由被保险人指定。①

为了体现产品特有的扶贫性质,该产品死亡保费费率按照千分之一收取(人寿其他个险渠道小额保险产品按照千分之五收取),即3万元收取30元保费,意外伤害医疗费用费率按照百分之一收取,即1000元收取10元保费。2012年,小额扶贫保险保费为40元,其中政府补贴20元,农民自缴20元。② 2013年,由于地方政府财政压力较大,保费补贴取消,40元保费由农民自缴。2014年,中国人寿在产品中增加了额外的1000元定期寿险保障,保费随之上升为50元。也就是说,目前该扶贫保险产品的保险范围是比较宽泛的,具体包括以下三项:(1) 保额为3万元的意外伤害死亡、伤残给付;(2) 保额为1000元的意外伤害住院医疗费用保险;(3) 保额为1000元的定期寿险。

在旺苍地区,小额保险的市场主体比较单一。为了保证条款的连贯性和基层服务组织的健全性,中国人寿是唯一一家经营小额扶贫保险的公司。可以说,小额扶贫保险本质上成为由旺苍县政府引导、中国人寿旺苍支公司经办的自然垄断的产品。

小额扶贫团体借款人意外险于2011年5月21日在张华镇大地村和龙凤乡锦旗村两个村启动,至2011年年底共计覆盖74个互助社。截至2012年年底,该产品已经覆盖全县所有86个互助社以及全部352个村。从产品启动上市到实现互助社范围的全覆盖,这款产品仅用了一年半的时间。

在投保人口方面,2012年该产品的投保人数为16万,投保率从

---

① 在没有成立互助社的村,中国人寿销售的产品是团体意外伤害保险,其条款、费率与小额扶贫团体借款人意外险一致,唯一的区别是第一受益人直接由被保险人指定。
② 县政府对于张华镇的12个互助社、龙凤乡的6个互助社参保社员及家庭成员进行了人均20元的补贴,对非互助社参保人员则没有补贴。

上一年的5.8%大幅上涨到46%。2013年,投保人数进一步增加到20.6万,在当地农村人口中达到了近60%的投保率。表2-1总结了2011—2013年产品的承保和赔付情况。该产品的净赔付率一直维持在较低水平。2011年的净赔付率为45.7%。在2012年保费大幅扩张而理赔规模平稳增长的条件下,净赔付率大幅下降至29.5%,随后在2013年恢复到51%。总体而言,该产品销售增速很快,投保率达到较高水平,而较低的净赔付率给保险公司留出了相对宽裕的利润空间。

表2-1 旺苍小额扶贫保险保费收入及赔付情况,2011—2013年

年份	投保人数(万人)	保费(万元)	死亡人数(人)	受伤人数(人)	赔款(万元)	投保率(%)	净赔付率(%)
2011	2.0	81	17	382	37	5.8	45.7
2012	16.2	648	48	502	191	46.3	29.5
2013	20.6	824	117	2 817	420	58.9	51.0

旺苍的小额扶贫保险之所以能够推广很快,除了产品设计合理、保障范围宽泛外,其独特的展业方式也功不可没。中国人寿与地方政府、扶贫办在这个项目上形成了深度合作,通过和县领导班子、基层乡镇干部建立的深厚联系,结合小额扶贫保险在扶贫创新上的示范效应,政府不仅为保险公司提供信誉背书,甚至在很大程度上参与到保险的宣传和销售过程中。由于中国人寿基层的工作人员有限,旺苍支公司仅有17名工作人员,其中,负责小额扶贫保险的团险部只有2人,因此村社干部分摊了收取保费、培训宣传、通知理赔等大量基础工作。村社干部在收取保费后,连同花名册统一上缴乡镇,再由乡镇干部转交保险公司团险部。各村镇的小额扶贫险投保率还成

为各级政府干部年度工作考察的项目之一,因此,政府有动力从上到下助推扶贫保险的销售和普及。每年投保期之前,县政府召开动员大会,并分派投保指标到各乡镇。支公司团险部定期培训乡镇干部相关的保险知识和流程,乡镇干部再进一步培训村干部,此后各村召开大会宣传投保、续保事宜。有的村社也出现带半强制性的"自愿"投保,村社干部上门宣讲,或打电话给在外打工的村民告知并劝导投保,甚至也发生过一些案例,即有的村社干部帮在外打工的村民先行垫付保费,以便完成投保率指标。

在赔付环节,被保险人发生意外后,先由本人或家属通知村干部,再通知乡镇干部,同时报人寿公司。被保险人需要提交相应的证据,如死亡证明、住院证明、费用清单等。如果是意外伤害死亡,支公司派理赔员到场核查。如果该被保险人并非互助社社员,或者虽然是社员,但是没有贷款或者贷款已由家属还清,则需找互助社出具证明信提交给保险公司。在所有证明文件提交后 7 天之内,保险公司形成理赔决定。如果互助社已经开具证明信,则由市公司直接转账到被保险人家属的账户,如果仍有未清偿贷款,市公司将统一转账到互助社的账户。互助社在扣除了贷款余额之后,再转账给被保险人家属。我们在松浪村进行入户调查探访过程中发现,死亡赔偿金到账时间大约为 20 天。

小额扶贫保险推行几年来的作用主要体现在以下几个方面:

(1) 转变观念。在没有小额扶贫保险之前,农户的观念是"出事找政府",而现在在一些事情上逐步转变为"出事找市场"。政府通过对小额扶贫保险的支持,维护了社会的稳定,减少了群众信访。

(2) 建立了心理安全网,帮助贫困户脱贫,降低了返贫概率。贷款是帮助农户脱贫致富的有效措施,但农户有时会因为担心因出现意外无法偿还贷款而不借款。小额扶贫保险使得他们建立了心理安全网,摆脱了顾虑。小额贷款可以用来养猪、种水果、买农药种子,为贫困户脱贫提供了帮助,并降低了返贫的概率。互助社联保小组成员之间形成了良好的互帮互助氛围,促进了信息交流,有利于共同致富。小额保险的赔付额度虽然不大,但是有利于贫困民众渡过一时的难关,重建信心。此外,小额扶贫保险提供的交通意外住院费用赔付,与新农合的保险范围形成互补,为投保人提供了补充医疗保障。

二、旺苍小额扶贫保险的成功经验

笔者经过调研发现,旺苍县在小额扶贫保险领域的成功推广,得益于在项目最初几年的启动期创新性地选择了"政府引导、村干部配合、保险公司推动"三管齐下的模式,充分调动了各方力量,政府干部、村社干部和保险公司各司其职,使得农户愿意尝试购买小额扶贫保险这一新产品,并促进保险意识的普及。

1. 政府的作用:在启动期落实引导机制

小额扶贫保险是新产品,在保险意识和认知尚较薄弱的农村,这一产品的推广单纯靠保险公司的力量是远远不够的;另一方面,一些农户对保险公司缺乏信任,由政府出面担保有利于建立最初的信任感,通过参保进一步了解产品和服务。因此,政府大力支持是做好小额扶贫保险工作的重要推动力量。尤其在产品推广期间,政府的引导更是不可或缺。几年来,小额扶贫保险得到了旺苍县政府、扶贫与移民局及其他相关部门的支持。县政府从大力发展金融创新扶贫的高度,积极引导小额扶贫保险工作的推进。旺苍县分管县长对于金融扶贫非常重视,县委书记任小额保险领导小组组长,将政府在启动期的引导作用落到实处。具体措施包括:

(1) 纳入全面考核体系。将小额扶贫保险的投保人数列入各乡镇干部的考核指标。乡镇干部组织村干部完成保费收取的具体工作。

(2) 形成奖惩机制。如果无法完成年初的任务,年末对干部考核时将在百分制考核分数中扣除 2.5 分,如果完成任务,乡镇可以从保费中提取 10% 的工作经费,外加年终发放 2%—4% 的奖励。[①] 基层乡镇干部非常重视考核分数,因此这些措施极大地调动了基层乡镇干部在保险产品推广环节的积极性。

县政府之所以重视小额扶贫保险的发展,主要是从扶贫减贫和维护稳定的角度强调小额扶贫保险的作用。在启动期通过行政手段在一定程度上助推产品扩面。而当产品具备了一定的认可度,市场形成自发的调节机制时,政府也希望投保小额保险能够成为农民自主自发的行为。

2. 村社的作用:配合宣传和服务

扶贫保险是和互助社结合开展的一种团体保险,村社干部为其推广作出了很大努力。互助社要求入社社员必须参保扶贫险,作为获取贷款的前提条件,而其家庭成员以及非社员可以选择自愿参保。此外,村社干部深入参与扶贫保险的宣传、服务工作。他们是村民熟悉和信任的人,在开展宣传和服务方面具有优势,同时他们的深入参与也帮助保险公司减少了展业的经营成本。

村民保险意识薄弱,对小额扶贫保险更是不熟悉。村干部不仅召开群众大会进行动员,甚至家家户户做工作,给外地打工人员打电话进行宣传。每年 5 月份,村干部在便民店集体收取保费,统一办理保

---

① 2012—2013 年是这样操作的,2014 年不一定还会保持。奖励中的一部分是下拨到村社经费,实际操作中村干部垫付的保费有时是通过这笔经费偿还的。

单,节省村民投保的间接成本。发生风险事故后,村干部也帮助上报理赔案件,并协调理赔事宜。实践中发现,保险理赔案例对于宣传和提高风险意识有明显的作用。例如,旺苍县国华镇位于北部贫困山区,2012年开始推行小额保险的时候投保率并不高。当年发生的一次车祸中,受害人中购买保险的和没有购买的所获赔付不同,这促使村民提高了投保意识,2013年的投保率显著提高。事实上,发生过赔付的村子投保率普遍更高。

3. 保险公司的作用:提高服务质量

在扶贫保险中,由于政府和村社干部承担了大量宣传和投保的基础工作,保险公司的服务主要集中在产品设计和理赔环节。

在产品设计方面,原有扶贫保险产品主体是意外伤害险,只有在意外伤害致死的情况下才赔付3万元死亡赔偿金,因病致死只能赔付1000元以内的住院医疗费用,而没有死亡给付。但在宣传过程中,这一情况并没有得到充分沟通,很多投保人不理解为何疾病死亡不予赔付,出现过"闹赔"、家属去政府示威等事件。这种事件给保险公司理赔造成压力,也会间接影响人们对于产品的信任。因此,2014年,中国人寿对产品的保障范围进行了调整,在原有产品基础上增加了保额为1000元的定期寿险(不区分死亡原因)保障,保费随之由40元/人增加到50元/人。

为了进一步增强宣传,也建立保险公司与投保人之间顺畅的沟通渠道,中国人寿于2014年在县公司建立绿色通道,由专人负责小额保险业务,并且在4个乡镇提供经费补贴,设立保险专管员。他们向每户投保户发放"明白卡",并注明保险责任和保险公司的联系方式,这样有助于避免信息从乡镇、村社层级到达投保人所造成的误解和效率损失。

三、旺苍小额扶贫保险的问题和挑战

旺苍的小额扶贫保险在启动初期,投保率就迅速增长,也达到了较高的水平。产品的净赔付率也比较低,保险公司获得了可持续发展的空间。但在进一步提高投保率、续保率,增加保费收入和项目实现可持续发展方面,扶贫保险还面临诸多挑战。

1. 单一险种发展存在瓶颈

就投保率而言,60%左右的水平实际已经处于高位。全县35万农村户籍人口中有5万人为70岁以上老人,还包含6万学生,以及数千空户(即长期不居住于当地或者死亡后未销户人口)。其中,70岁以上老人不属于可保范围,而学生大都另有学生平安保险,因此购买小额扶贫保险的比例较低。依此粗略计算,旺苍当地扶贫小额保险的事实目标客户总数约为23万—24万,以此为基数可知2013年保险的实际覆盖率已经达到85%—90%的高位。以实际情况考虑,这一单一险种投保率的上涨空间不会太大。保费进一步上涨的空间主要来自发展和丰富险种,而不是单纯扩面。

此外,旺苍农村的一个普遍情况就是中青年家庭成员很多常年在外打工,他们即便有投保意愿,在收取保费方面也有客观困难,经常需要垫缴,而且很多外出打工者投保的积极性并不高,可能因为已经在外地购买了保险,或者因为回到当地缴费、索赔与报销十分不便。但实际上,外出务工人员遭遇意外伤害的风险更大。例如龙凤乡在2013年共计收取32万元保费,赔付20万元。在出险比例上,2013年共有7人意外死亡,其中5人是外出务工人员。在后续投保、续保阶段,对务工人员有针对性地开展宣传也有利于提高这一群体的投保率,提高保障水平。

2. 保险公司控费与管理面临挑战

小额扶贫保险保费中有85%交给县公司，其余15%上交总公司。这85%的保费涵盖了15%左右的销售成本（给乡镇的工作经费和年终奖励）、8%左右的税，保单成本、查勘理赔和工资福利共计占10%左右。因此，在赔付率达到50%的情况下，县公司的利润只有几个点。此外，总公司给县公司设立了综合赔付率45%的警戒线（即各险种混合在一起的赔付率），但小额保险的赔付率常常超过这一水平。

事实上，小额保险的赔付率在50%是一个相对较低的水平。除了政策上寻求小额保险获得更多的税费减免，问题的根本在于保险公司如何进一步提高运行效率，以及如何合理界定和划分各级公司之间的费用与责任。这一产品已经在最大限度上利用了基层政府的人力进行推广、销售，保险公司在宣传、收费环节几乎没有占用公司人力，而管理费用依旧过高，反映了公司在理赔环节的运行效率还有进一步提升的空间。尤其与通过信用社渠道销售的借款人意外险对比，信用社渠道的保费由信用社部分承担，体现了市场运行的高效结果。而针对扶贫小额保险，如果采用市场化手段，将购买小额保险与互助社贷款利率挂钩，对购买了扶贫小额保险的贷款人实施利率优惠，将有利于通过市场手段而非行政强制手段促进小额保险与小额贷款双方面的良性循环。

3. 政府角色面临转型压力

2011—2014年间，由于政府保费补贴的取消，以及保障范围的增加，农民支付的保费从20元上涨到50元。在保费涨幅较大的前提下，产品投保和续保的情况都较为乐观，这体现了政府主导、村社配合这种模式的优势所在。在启动阶段，由政府主导是有效的，也是必要的。启动阶段过后是产品的推广期，此时农户对小额扶贫保险已有一定的了解,应建立市场调节机制引导小额扶贫保险的发展。政府的作用由直接代收保费向组织、引导、宣传的角色转变,协助保险公司运用市场机制进行调节。在政府职能转变的过程中,也要积极协调小额保险与新农合、新农保的衔接。目前,新农合、新农保属于劳动保障所管辖,"三农"保险、小额保险属于乡镇保险服务站管辖,分属两个系统。政府理顺制度,帮助保险公司平稳过渡、发展,有助于把民生工程扎实地推进到下一个阶段。此外,进一步协调加强小额扶贫保险和小额信贷之间的互动,使得小额保险能够真正助推小额信贷的发展,从而带动农村技术的发展和脱贫致富。

第四节 提高小额保险需求的政策建议

通过梳理小额保险需求影响因子的相关学术研究,并结合针对旺苍小额保险案例的深入分析,我们可以发现若干共性。在此基础上,我们可以从经济因素、社会文化因素和结构性因素三个方面着手,推动小额保险的有效需求。

在经济因素方面,小额保险项目必须要首先考虑目标人群的实际支付能力。在市场调研进行精准定位的基础之上,设计符合低收入群体现金流周期、支付水平和消费习惯的产品。保费水平体现的是保险的直接成本,将其控制在可承受的范围内是最基本的前提。在产品推广初期,可以通过与各级政府、扶贫组织、非政府组织等合作的方式提供适当的保费补贴,以便吸引客户体验保险产品和服务。但在这一过程中需要充分沟通保险的实际价值,并使得投保人形成一定的保费上涨预期。这一点对于健康险这类实际保险成本经常受到通货膨胀、逆向选择和道德风险等因素的影响而上涨的险种更是尤为重要。如果推广期的保费补贴力度很大,而又没有做好沟通工作和其他准备,那么一旦停止保费补贴,产品续保率很可能遭受重创,并使投保人对产品产生误解。

在尽量降低保险的直接成本的同时,小额保险项目还应该重视降低保险的间接成本。比如在小额健康险的理赔范围中加入适当比例的交通费和误工费。在保费收取的具体方式上,可以因地制宜考虑创新性的设计,以符合目标人群的现金流周期,并降低其交易成本。例如,巴基斯坦的 AKAM 小额健康险项目在推行最初采用的是每年 11 月收取保费,这是为了方便农民在秋收获得收入后办理投保。而后,该项目又增加了每年 7 月的投保时间窗口,以便照顾以旅游业为主的家庭在夏季获得全年主要收入后办理投保。另外,四川的小额生猪保险项目也试验了在保险期限结束后收取保费的做法,以便增加养殖户对于保险产品的信任。产品试验了分期支付小额保费以减轻对于低收入家庭的财务负担,这一做法在特定环境下也可以尝试。但其主要问题在于会增加保险公司的交易成本。此外,小额保险项目在保费收取方式上的创新也是层出不穷,旨在为投保人提供便利的同时降低保险公司的经营成本。例如,通过深入农村的渠道网络,如种子商店、便利店、加油站、邮局等机构代收保费,或者通过技术创新利用手机应用直接缴纳保费和办理续保。此外,像四川旺苍的小额保险项目一样,与扶贫基金会、各级政府进行深入合作,由村委会工作人员代为收取保费,甚至上门收取保费也是降低成本、提高投保率的有效途径。

在社会文化因素方面,通过降低赔付风险、加强建立信任和有针对性地开展财务知识培训这三个渠道,可以有效地提高保险需求。

而这三个渠道之间也是息息相关的：赔付风险的降低有利于增加人们对于保险产品的信任感；财务知识培训也有助于人们理解产品（及其蕴含的固有的赔付风险），并建立对于产品的信任。

首先，产品在设计时要考虑到目标人群的需求和理解能力，尽量减少或避免赔付风险。可以通过购买再保险来规避企业破产风险；简单明了的条款规定也有利于减少由复杂的免责条款、共保条款所人为造成的赔付风险。

其次，小额保险机构可以通过和信誉良好的机构团体进行合作，更有效率地在低收入群体中建立可信赖的形象。例如，政府机构、当地发展良好的小额信贷组织、扶贫公益组织、社区团体、再保险集团等都是潜在可以开展合作的伙伴。通过合作方获取分销渠道、信用背书或者人力资本，都有利于推动小额保险展业和发展。

最后，人们对于小额保险进行必要的了解也是形成有效需求的基础，而通过有针对性的财务知识培训可以有效地将核心信息通过社区骨干传达到其所在的社会网络中，促进需求的提高。这一做法的有效性得到了实证研究的证实。在社区中，村委会的工作人员或者其他德高望重的村民都可以担任保险宣传员的角色，加速信息的传播。

在结构型因素方面，我们应当协调与非正规风险分担机制的合作关系，提高保险服务质量和客户体验，并抓紧灾后有限的时间窗口进行宣传，这三个渠道都能够促进小额保险需求的提高。

首先，推广小额保险的基础是理解现有的非正规风险分担机制，并寻求与其达成合作共赢的关系。不同国家、地区、文化和宗教下，各个社区现存的风险分担机制是千差万别的，其作用机理和重要程度也存在差异。小额保险的发展应当理解和尊重现存的系统，并寻求机会与社区进行合作共赢。在一些案例中,社区领袖承担了进一步分散,乃至消弭基差风险的功能,这些原有的社会网络和分担机制促进了小额保险的发展。

其次,提高保险服务质量、改善客户体验是提高需求的必经之路。无论是保费补贴还是加强培训、宣传,都是吸引消费者尝试体验小额保险的手段,而最终吸引投保人作出续保决定的还是保险以及其他相关服务(如医疗服务)的质量,以及客户从投保、咨询、理赔、续保等一系列事件中获得的完整客户体验。因而,需要从产品设计、展业、核保、理赔等多个环节加强质量把控,才能确保小额保险形成长期稳定的需求。

最后,通过对风险标的的分析,我们发现近期偏差对于人们认知的影响是相当可观的,因此,小额保险项目应当抓紧灾后有限的时间窗口,适时在当地和周边地区宣传和销售产品。这有利于事半功倍地巩固人们的风险意识,并转化为对小额保险的实际需求。

第三章 小额保险的财务可持续性问题

第一节 财务可持续性问题概述

金字塔底层理论揭示了保险公司有可能通过产品设计和营销途径等方面的创新开创性地从收入金字塔底层的目标人群中获得商业利润和社会影响力,这也是小额保险项目所追求的双赢目标。在衡量小额保险项目的成效时,其经济效益和社会效益是相辅相成、不可或缺的两个方面。在第二章讨论小额保险需求影响因素的基础上,我们在第三章主要着眼于分析小额保险的经济效益,即财务可持续问题,而第四章则重点评估小额保险的社会效益,即项目运行所产生的实际影响力。

自2000年以来,全球各发展中国家陆续建立和推广符合低收入群体特定需求的小额保险项目。很多项目至今运行的年限并不长,数据积累也相对有限,因此对于项目财务可持续性方面的实证评估分析仍然比较有限。

根据小额保险中心发布的《亚洲和大洋洲小额保险发展概况2013》《拉丁美洲和加勒比地区小额保险发展概况2014》和《非洲小额保险发展概况2015》中的数据，小额保险在亚洲、非洲和拉丁美洲的平均每单保费均值分别为4.9美元、12.3美元和17美元。各大洲平均的赔付率分别为79%（亚洲）、32%（非洲）和26%（拉丁美洲）(Microinsurance Network，2015)。其中，赔付率是指保险赔付与保费之比。图3-1列出了亚、非、拉三大洲分险种的赔付率情况。

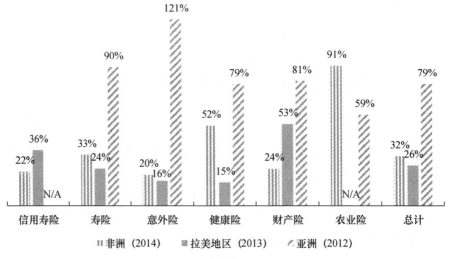

图 3-1 分地区、险种小额保险赔付率水平

资料来源：Microinsurance Network，2015，The state of microinsurance, the insider's guide to understanding the sector.

整体而言，拉美地区小额保险的盈利性最高，平均赔付率仅为26%，平均综合赔付率（保险赔付、费用与佣金之和占总保费的比例）为64%。这主要是由地区性发展的特点决定的。拉美市场主要由大型保险公司销售小额产品，单均保费比较高，说明消费者具有比较高的支付能力。事实上，当地的小额保险和大众保险（mass insurance）

在很大程度上被整合成了一个市场。大众保险是指一类保额较低的保单,但它并不是专门针对低收入群体设计的,而是涵盖了许多中等收入人群。这部分业务普遍而言盈利性较好。而相比之下,亚洲的单均保费最低,相应地,赔付率也最高,对财务可持续性的挑战更大。

此外,不同险种的赔付率也呈现不同趋势。总体而言,小额寿险和意外险的盈利性较高。这类产品比较简单,易于大规模销售分摊成本,且损失发生的概率容易预测,定价风险低。提供产品较为简易可行,不需要太多配套网络支持。而低收入群体需求更加强烈的健康险、农业保险和财产险的盈利性相对较差。在健康险产品中,提供综合性保障的健康保险赔付率通常很高,财务可持续性遭受挑战。作为应对,很多小额保险项目转而提供一些细分性的健康保障,比如重疾险或住院费用保险,以控制保障范围,并降低管理成本。而很多地区的农业保险则更多依靠政府补贴,以改善项目的财务可持续性。

根据现有的发现,一些小额保险项目面临着财务方面的挑战,这主要可归因于以下一些因素:第一,小额保险在很多地区虽然总体保费规模的上涨速度较快,但是平均每单的保费收入十分有限。第二,在有限的单位保费中,展业成本和管理成本所占比例较高,利润空间被挤压。第三,为了尽量压缩管理成本,以挤出利润空间,很多项目在投保、核保以及保单设计上简化了流程。这造成项目中的道德风险和逆向选择问题比较严重,妨碍了项目的可持续发展。第四,有限的工作和生活条件使得低收入群体发生包括死亡和疾病在内的各种风险事故的概率偏高。第五,低收入群体对于保险机制缺乏理解,很多项目在展业和续保方面面临挑战。第六,发展中国家配套的基础设施水平普遍偏低,相应地运用信息技术的能力也较为落后。

由于以上种种因素,虽然总体而言随着小额保险项目的发展成熟,一些地区特定险种的盈利性得到大幅改善,但还有不少小额保险项目面临着可持续性挑战。尤其是那些在项目初期获得较多外部资助的小额保险,在使用捐助基金度过了最初的推广期后需要及时产生足够的现金流,以支持项目的持续发展。

本章第二节着重对于现有相关研究的成果进行梳理和总结,包括实践中使用的衡量小额保险项目财务表现的指标体系、跨国别进行项目比较的一般性方法,以及针对小额保险项目财务可持续性的特定问题(如逆向选择和道德风险)的研究发现。在现有文献的基础上,第三节使用巴基斯坦 AKAM 小额健康险的数据进行案例研究,分析项目的财务可持续性,并对逆向选择进行实证检验。第四节则结合国际经验和研究发现,对改善小额保险项目的财务可持续性提出相应的政策建议。

第二节　小额保险财务可持续性的度量方法与相关研究

全面评估小额保险的财务可持续性需要大量数据支持下的实证分析,出于数据可得性以及数据质量的限制,这类研究还有待充实。目前,现有的相关研究可以大致分为三种类型,即适用于纵向比较的财务指标体系、适用于横向比较的数据包络方法,以及针对造成财务不可持续的特定问题的分析。以下我们逐一对这三类研究进行介绍。

一、财务指标体系

第一类研究是从实用主义的角度,为衡量小额保险项目的财务表现而设计的指标体系。它能够为项目管理者提供参考,便于项目纵向追踪评估财务指标的变化。世界银行扶贫协商小组(CGAP)的小额保险研究组于 2007 年首次为项目管理者设计并发布了《小额保险财务表现指标指导手册》,并在 2009 年修订更新了第二版。[①] 在这一指标体系中,CGAP 研究组列出了涵盖产品价值、客户满意度、服务质量和财务稳健性四个领域的十项简便可操作的指标。具体包括:

产品价值度量:

1. 净收入比率

净收入比率是净收入与已赚保费之比。它衡量的是小额保险项目的盈利能力。其中,净收入=已赚保费+投资收入−已发生赔付−已发生费用。

2. 已发生费用比率

已发生费用比率是已发生费用与已赚保费之比。它衡量的是小额保险项目运行的效率。其中,已发生费用应涵盖该会计期间内所有实际发生的费用,包括设备采购、折旧和佣金等。

3. 净赔付比率

净赔付比率是已发生赔付与已赚保费之比。它衡量的是小额保险对于参保人的价值,产品的净赔付比率过低,说明其并未能为客户提供有价值的保障。其中,已发生赔付=现金赔付+准备金调整。

---

① http://www.microfact.org/microinsurance-tools/

客户满意度度量：

4. 续保率

续保率是指实际续保人数与符合可续保条件的现有客户人数之比。它衡量的是在符合续保条件的客户群体中，有多大比例的客户选择续保。续保率是衡量客户满意度的重要指标，对于定期产品尤为重要。

5. 参保覆盖率

参保覆盖率是指参保人数占该地区符合参保条件的目标客户人群的比例。它衡量的是小额保险项目展业的有效性。

6. 参保人数增长率

参保人数增长率是指项目参保人数在一定期限内的增长速度。它衡量的是小额保险项目展业的发展速度。

服务质量度量：

7. 理赔赔付期间

理赔赔付期间是指从客户提交理赔申请到实际获得赔付之间耗费的天数。它衡量的是保险公司处理理赔案件，并进行赔付的效率，是衡量服务质量，并进一步影响客户满意度的重要指标。在实践中，可以将理赔赔付期间以一周、一个月和三个月为界，划分成四个区间，并计算每个区间内理赔赔付期间所占的比例（即一周内赔付比例、8—30天赔付比例、31—90天赔付比例和赔付期间在90天以上的比例）。

8. 拒赔率

拒赔率是指拒赔案件数与申报理赔案件数之比。它衡量的是产品设计的合理性、销售人员信息沟通的充分程度，以及核赔环节的合理性。如果拒赔率过高，则说明产品在设计、销售和理赔环节存在缺陷,这将影响小额保险项目的信誉以及客户满意度。

财务稳健性度量:

9. 偿付比率

偿付比率是指认可资产(admitted asset)与负债之比。它衡量的是保险项目的财务能力。其中,认可资产是指被保险监管部门所认可的资产类型,通常是指一些高质量的资产,如政府债券、优质企业债券、现金及等价物等。偿付比率低于1则说明该项目实质上已经资不抵债。

10. 流动性比率

流动性比率是指现金及其等价物与未来三个月内应付款项之比。它衡量的是保险项目应对流动性需求的能力。

使用财务指标体系评估小额保险项目的优势在于简便、可操作性强,对于同一项目的纵向评价可以参照同一体系,具有较强的可比性。而其主要问题包括:

(1) 对于单项指标很难划定统一、合理的参考值域;

(2) 指标体系比较零散,难以汇聚成综合的衡量指标;

(3) 在进行项目之间的横向比较时,指标之间的简单对比忽略了大量背景信息(如项目的性质、规模、成立年限、主营险种类型等),横向比较不一定具有很强的可比性。

二、国际比较研究

第二种衡量小额保险项目财务表现和运行效率的方法是使用数据包络分析法(data envelopment analysis, DEA)这样一种相对复杂的统计方法估计项目运行的有效边界,从而在不同项目之间进行横向比较。DEA是一种使用比较广泛的创新型非参数方法,可以应用在不同领域中估计企业的有效边界,并设置行业绩效的基准。Biener 和 Eling(2011)以 2004—2008 年运行的 20 个小额寿险(健康险)项目为样本,运用 DEA 方法进行分析。相比零散的财务指标体系,DEA 方法的优势在于能够将多方面的信息汇集成一个单一的综合指标衡量小额保险项目的运行效率。该指标易于解读,也便于不同项目之间进行横向比较。这一研究发现规模较小的小额保险项目,以及非营利性组织所管理的项目在运行效率方面还存在很大的提升空间,而大规模的小额保险项目以及营利性机构运行的项目在资源分配以及成本控制方面的效率较高。此外,他们还发现相比销售个人保单而言,销售团体保单可以显著提高项目的运行效率,因而建议小额保险项目以团体保单为主,以降低交易成本,并减轻信息不对称问题所造成的负面影响。类似地,Zheng 和 Zhang(2010)也采用 DEA 方法分析了我国新农合的运行效率。他们分别衡量了东部、中部和西部新农合项目运行的不同效率模式,并进行了比较。

由于目前小额保险数据可得性有限,而且许多小额保险项目的运行历史也不长,因而对于不同项目进行定量横向比较的相关研究依旧处于初步探索阶段。除了 DEA 方法之外,也有学者从影响盈利性的因素分析方面进行了一些有益的尝试。Olaosebikan(2013)搜集尼日利亚数十家小额寿险项目 2004—2009 年的盈利性数据进行分析,并发现所有权结构、负债杠杆率和项目规模并不能解释项目的盈利性。但产品险种的多样性和宏观利率水平能够提升小额保险的盈利水平,而购买再保险的业务比例提高反而降低了小额寿险项目的盈利性,这凸显了再保险成本偏高的问题。

除了定量分析小额保险项目的财务可持续性外,另一种研究思路是对小额保险项目财务造成挑战的特定问题及其原因进行检验和分析。

三、造成财务不可持续的特定问题研究:信息不对称

理论上,促进小额保险项目实现可持续运营的策略无外乎三类:一是提供有限的保障;二是注重提高项目运行效率;三是积极拓展收入来源(CGAP working group on microinsurance,2007)。由于限制保障水平和拓展收入来源两方面的举措都有一定的局限性,因此大部分实证学术研究是着眼于在给定的收入来源和保障水平的框架之下,如何提高效率。在提高运行效率方面,信息不对称问题对小额保险市场的发展提出了很大的挑战。

Pauly等(2008)使用14个发展中国家的健康调查数据,计算小额健康险产品合理的风险保费水平,并与当地人的实际支付能力进行比较。在不考虑信息不对称的前提下,他们认为自愿投保的小额健康险产品存在一定的商业运作空间。而Biener和Eling(2012)基于对小额保险市场风险可保性问题的考察,认为信息不对称问题在小额健康险中普遍存在。产品的特定设计和市场环境会诱发逆向选择和道德风险,从而损害小额保险计划的财务可持续性(Biener和Eling,2012)。鉴于这一领域研究结果的复杂性,以下我们首先梳理信息不对称问题的基本框架,再专门分析小额保险中的信息不对称问题产生的根源,以及相关研究成果。

1. 保险市场中的信息不对称问题

信息不对称理论是在19世纪70年代由Akerlof(1970)、Pauly(1974)以及Rothchild和Stiglitz(1976)等人的开创性成果所开拓的研究领域,并被后世的学者进一步继承和发展。在保险市场上,信息不对称通常指被保险人掌握着保险公司无法观察到的私人信息,因此无法在定价时加以考虑。逆向选择和道德风险是当委托人和代理

人之间存在信息不对称时出现的两种结果。

正如Akerlof(1970)所描述的,信息不对称可能危及保险市场,在极端情况下甚至导致市场进入"保费上涨—风险池缩小—逆向选择"这一恶性循环,形成死亡螺旋(death spiral),并最终使得市场不复存在。

在经典的Rothchild-Stiglitz模型中,他们假设市场中存在低风险和高风险两种被保险人,并对信息不对称下的市场均衡进行了描述。如果保险人不能区分被保险人的风险类型,那么风险池中所有被保险人支付相同水平的保费,这无法达到市场均衡,因为低风险的被保险人会选择退出保险市场,从而出现类似Akerlof(1970)所描述的问题。在一定条件下,市场可以形成分离均衡,即高风险者选择购买全额保险保障,而低风险者选择购买部分保险保障。Rothchild和Stiglitz(1976)论证了这一均衡的存在条件。在这一模型中,虽然信息不对称问题并未造成市场消失这一极端结果,但即便如此,低风险者在均衡点由于无法获得全额保障,也依旧蒙受了福利损失。此后,Miyazaki(1977)和Wilson(1977)在这一基础上进一步完善了信息不对称的理论模型,补充了关于保险公司的一些限制条件,包括企业追求正利润,以及公司之间的市场博弈和互动选择,并探讨了在新的假设下市场均衡的存在性。

这些理论的一个应用在于保险公司可以通过诱发被保险人揭示自己的风险类型,减轻信息不对称问题。如果保险公司能够区分低风险和高风险的购买者,它就能够向两组人出售不同的保单,并同时提高社会福利。定期寿险产品中的重新加入条款就是一个这样的机制设计。在保单设定的检选期(比如五年)内,保险公司按照检选生命表制定并承诺较低的保费水平,当检选期到期时,被保险人可以选择重新提交可保证明(如体检报告)。如果可保证明揭示了被保险人依旧属于低风险的类型,那么保险公司继续按照这一年龄的检选生命表重新制定新的检选期内的保费,被保险人因此缴纳的保费会低于上一年度。而如果可保证明提示被保险人已经属于高风险类型,那么保险公司将按照最终生命表收取被保险人剩余保险期间的保费,其水平将大大高于原有保费水平。这一保单条款的设计使得低风险的被保险人有动力定期提交新的证据澄清自己的风险类型,也使得保险公司可因此而长期观测被保险人实际的风险类型,并相应调整保费,以抵消信息不对称对财务的不利影响。

以上理论模型的另外一个应用在于,建立了如何用实证方法检验逆向选择问题的基础,即通过检验数据中保险保障与风险类型之间的正相关关系,以判定该保险市场中是否存在逆向选择。实证研究中,学者们使用了不同的变量来衡量保险保障以及风险类型。最常用的衡量保险保障的变量包括是否选择投保、是否购买基础保障以外的补充保险、是否选择续保、保额的不同金额或档次、所选免赔额和(或)共保比例的高低(更低的免赔额和更高的共保比例代表实际保额更高)。而衡量风险类型的变量主要包括三类,即主观风险类型(如对于健康情况的自我评价)、客观风险类型(如年龄和就诊记录等客观指标)以及预测的风险类型(综合一些变量通过回归方法等所得出的预测风险指标)。

Puelz 和 Snow(1994)使用经典的"风险类型—保额"正相关检验来研究美国车险市场的逆向选择问题。他们通过实证分析发现,车险事故风险更高的被保险人会选择更低的免赔额(即更高的保险保障),这一结论与正相关测试的预测结果相一致,从而证明该市场中逆向选择的存在。Cohen(2005)同样使用车险市场的数据检验新投保的被保险人是否存在逆向选择问题。一般而言，我们认为新投保的被保险人具有更多不被保险公司所掌握的私人信息，使得信息不对称问题更加突出。这一研究发现选择更低免赔额（即更高保险保障）的新客户的确倾向于发生更多次事故，并索赔更高金额的赔偿金，也就是说逆向选择的正相关检验得以成立。这种相关性对有三年以上驾驶经验的被保险人尤其显著，但是对驾驶经验有限的新司机并不显著。这意味着被保险人在驾驶过程中逐渐了解自己真实的风险类型，并随之获得更多私人信息，由此来调整他们所选择的保险保障。

健康险市场也涉及逆向选择问题。Browne(1992)用美国个人健康保险市场的数据实证检测逆向选择的存在性。他假设由于团体健康险市场大都是由雇主提供保费补贴，并向所有员工提供保障，因此逆向选择的程度较低。在团体市场的购买水平因而可以作为一个基准，以比对员工在个人健康保险市场上的行为。他发现低风险类型的员工在个人保险市场上购买的保障低于在团险市场上购买的保障，这意味着个人健康保险市场中存在逆向选择。Browne(2006)的另一项研究着眼于美国长期护理保险市场中的逆向选择问题，并使用某大型保险公司的数据进行分析。他发现长期护理险产品每年的保费都在增长，相比低风险的被保险人而言，那些预期损失数额较高的高风险被保险人更有可能在下一个保单年度继续维持保险生效，即"风险类型—保障水平"这一正相关检验得以满足，证实了逆向选择问题在这一市场的存在性。

与逆向选择对应的一个现象被称为正向选择，即一些学者从实证研究中发现风险类型和保险保障之间在一定条件下可能存在负相关关系。逆向选择是指从保险公司的角度而言，高风险的个体更多地选择留在保险的风险池中,造成整体承保风险的恶化。那么,相对应地,正向选择就是指低风险的投保人也可能倾向于选择留在保险风险池中,并购买更多保障,从而使得总体承保风险发生正向的改善。发生正向选择的主要原因在于,之前在分析信息不对称时主要强调风险类型这个单一维度的私人信息,而近来的研究者发现了多个维度的私人信息,包括被保险人的风险偏好、认知能力等。多个维度的私人信息对于保险保障的作用方向不一致,因而造成实证检验中风险类型与保险保障之间可能存在正相关、负相关或者不相关的多种结果。

Chiappori 和 Salanie(2000)用法国车险数据检验逆向选择问题。他们用历史事故作为风险类型的衡量指标,并发现风险类型和车险保障之间并不存在显著的相关性。针对这一结果,他们提出了"樱桃挑选理论"(cherry picking)进行解释。这是指那些风险规避者倾向于购买更高保额的保险,但同时他们通常也较少卷入交通事故中。这一假说为实证发现提供了合理的解释。Finkelstein 和 McGarry(2006)进一步提出了一个含有多维度私人信息的模型证明这一假说。模型中包含了风险类型和风险偏好两个维度,这二者对于保险保障的作用可以互相抵消,从而减轻逆向选择的影响。

2. 小额保险中的信息不对称问题

虽然保险经济学理论具有其普适性,但由于小额保险在客户群体和产品设计、销售方面具有其特殊性,这些特性造成这一市场中的信息不对称问题尤为突出。

相对小额保险的保费水平而言,在投保过程和保险期内搜集被保险人风险类型的相关信息的成本非常高,导致保险公司没有动力进行风险分类,抵消信息不对称的影响,因而可能导致逆向选择、道德风险在这一市场中普遍存在(Brau等,2011)。在传统保险市场中,保险公司为了减轻信息不对称,通常会进行核保以甄别被保险人的风险类型。在保单设计中,传统保险产品经常加入了免赔额和共保比例,使得被保险人以不同比例分担风险损失,并由此加强被保险人防损、减损的动机,从而减少逆向选择和道德风险问题。在理赔阶段,传统保险会使用大数据并甄别可疑的案件,有针对性地进行核赔。

但是在小额保险市场中,出于控制成本的考虑,核保手续被大大简化,甚至完全取消。为了符合被保险人的文化水平和理解能力,降低沟通成本,防止信誉风险,保险保单被大幅简化,通常只是提供一个统一的保障,并不包含免赔额和共保条款,也不包含可选择的保额档次或者范围。小额保险缺乏大数据的积累,难以进行高效的理赔甄别;而且为了降低运营成本,加快理赔处理速度,对于小额赔付的核赔手续也尽可能简化。以上这些特点符合小额保险市场的要求,但也使得逆向选择和道德风险问题随之应运而生。为了减轻逆向选择的影响并降低运营成本,许多小额保险项目要求以团体保单的形式签发产品,并且要求参保人数必须达到该团体总人数的一定比例;或者要求参保人以家庭为单位整体参保,以减少逆向选择问题。

由于数据可得性的限制,实证检验小额保险市场信息不对称问题的研究相对较少。在现有文献中,较大比例的研究关注的是逆向选择问题,尤其是以小额健康险为例进行检验;而专门针对道德风险的研究更加少见。

针对小额健康险项目的逆向选择问题,实证研究得出的结论并不完全一致。一些研究结果支持小额保险市场中存在逆向选择。Wang等(2006)从2002年到2006年追踪了一个中国农村互助医疗小额保险项目,并进行了面板数据分析。通过分析个人层面的数据,他们发现尽管这一项目要求参保人以家庭为单位集体参保,且项目总的投保率已达到71%,但项目中依旧存在逆向选择问题。结果显示,选择参保的居民在投保前一年预调查中医疗支出比全体居民的平均医疗支出高9.6%,即高风险的居民倾向于选择参保。另外,以家庭为单位投保的规定无法得到有效执行,实际上有大约三分之一的投保家庭是部分投保。在部分投保的家庭中,投保成员比未投保成员的支出高1.7倍。由此,他们认为逆向选择是切实存在的,如若缺乏有效的控制手段,将极大地影响该项目的财务可持续性。

Zhang和Wang(2008)对这一互助保险项目进行了后续研究,他们观察到有慢性病史的人和那些自评健康状况一般或者较差的人更倾向于投保,这同样证明了项目中逆向选择的存在。他们还引入健康状况和不同调查年份的交叉变量,并使用四年的时间序列数据来检测逆向选择影响随时间的变化趋势。该研究发现逆向选择的程度在四年之间基本保持稳定。

类似地,Ito和Kono(2010)用印度小额保险参保家庭中患病者比例作为风险类型的衡量指标,并发现高风险的家庭更倾向于购买小额健康险,印证了逆向选择的存在。Lammers和Warmerdam(2010)使用尼日利亚自愿投保的小额健康保险数据检验逆向选择。他们的研究结果显示,在控制了风险偏好和包括财富在内的常见人口统计变量后,那些存在近期患病史以及自评健康状况差的个人更倾向于投保。使用七个印度小额健康保险计划的数据,Dror等(2007)研究了小额健康保险参保的决定因素,并发现类似的结论,即家庭成员发生了高额医疗支出的家庭的投保概率更大,这也验证了逆向选择的存在。

此外,还有一些研究专注于特定医疗服务中存在的逆向选择问题,比较有代表性的是为妇女生育费用提供保障的健康保险。Clement(2009)发现在加纳国家健康保险计划中存在逆向选择,高风险的人更有可能选择投保这项计划。特别地,Clement 发现处于生育年龄的女性更有可能投保,并且其中大多数人都是在发现自己怀孕后才投保。Yao 等(2017)选取了巴基斯坦小额健康险,并集中分析生育保障中的逆向选择。他们发现逆向选择在这一保险项目中普遍存在,即高风险的家庭更倾向于选择续保。而专门针对自然分娩索赔数据的分析发现,带孕投保现象非常突出。由于该项目对于投保年龄、健康状况没有特定的核保要求,且不设等待期,因此很多育龄妇女选择怀孕后投保,导致生育费用的相关索赔金额非常可观,占到整个健康保险项目总赔付金额的 36%。因此,为了项目的财务可持续性,他们测算了设置不同长短等待期后能够实现的赔付率水平,并最终建议由国家基本医疗保险提供生育保险保障,由小额健康险承保其他类型的医疗费用,以减轻逆向选择的后果。

签发团体保单是减轻逆向选择的方法之一,但 Eling 等(2017)的研究发现团体的小额保险中依旧存在逆向选择问题。他们使用中国小额重疾险数据,发现团体保单中虽然可以消除个体选择的影响,但是高风险的团体依旧会购买更高的保障,这一正相关关系在投保早期是显著的。随着投保团体在同一家保险公司续保次数的增加,所具有的信息优势逐渐降低,逆向选择也随之消失。

与之相反,其他学者的一些研究并未发现小额健康险中存在逆向选择问题。在研究塞内加尔农村地区以社区为基础的小额健康险时,Jütting(2004)发现,疾病发生率(定义为每个家庭过去六个月内的疾病数/家庭的成员数)并不是解释投保率的一个重要因素。在另一项研究中,Dror 等(2005)搜集了菲律宾小额健康险的调查数据,分析认为逆向选择不是导致被保险人医疗费用增长的因素。他们比较了投保组和未投保的对照组的发病率。按照过去三个月内报告的发病次数衡量,两个组别之间不存在明显的区别。此外,在产科相关的索赔中,他们以过去五年的怀孕次数作为产科医疗服务需求的替代变量。结果显示未投保者的产科需求高于参保组,这与存在逆向选择的预期结果相反。但这一结果可能与替代变量的选择相关,即过去五年怀孕次数较多的人打算继续生育的意愿较低,因而选择不参与保险。

Nguyen 和 Knowles(2010)同时使用主观和客观指标来衡量健康状况,并研究越南针对儿童和学生的小额健康险的投保情况。他们发现两种衡量方法下,健康指标所揭示的风险类型都不是解释保险购买决策的关键变量,因此并未发现这一项目逆向选择的证据。

在研究小额保险的道德风险方面,Biener 等(2016)在菲律宾和德国分别进行独立实验,发现保险保障的提高降低了人们进行自保减损的动机,这一结论验证了道德风险的存在。此外,他们发现在团体保险的框架下,如果在制度设计上使得参保人和社区内的熟人、朋友参与同一风险池并分担损失,这将导致参保人产生一定的集体意识,并提高个人自保、减损的动机,从而降低道德风险,并提高项目运行的效率。Murray(2011)通过分析 20 世纪初美国短期小额伤残保险的历史调查数据,发现了信息不对称的初步证据,并得出结论认为相比道德风险而言,逆向选择问题更为严重。另外,他证明了保险公司所采取的免责期条款可以有效减少索赔。

第三节 案例研究:巴基斯坦 AKAM 小额健康险项目

一、AKAM 项目介绍

AKAM 小额保险计划（The AKAM Microinsurance Initiative）于 2006 年在盖茨基金会（Bill and Melinda Gates Foundation）的支持下创立。图 3-2 描绘了 AKAM 小额保险计划的组织架构流程图。

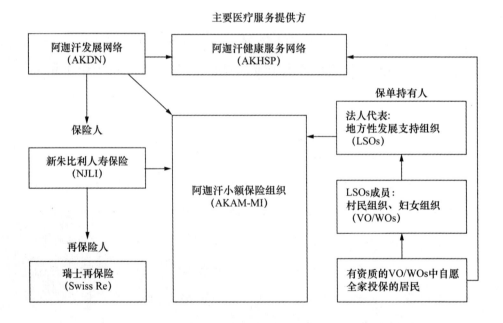

图 3-2 AKAM 小额健康险计划的流程图

AKAM 隶属于阿迦汗发展网络（Aga Khan Development Network，AKDN），是 AKDN 的十个分支机构之一。AKDN 是一个致力于改善亚非发展中国家人民福利的国际发展组织，其主要目标包括减少贫困人口、改善低收入群体的生活水平，并提高社会包容性。[①] 其下属分支包括提供保险服务的新朱比利人寿保险公司（NJLI），以及提供医疗服务的阿迦汗健康服务网络（AKHSP）等。在 AKDN 的支持下，AKAM 小额保险计划于 2007 年 11 月在巴基斯坦北部地区（NA）[②] 开放了首个小额健康险的试点项目。北部地区位于巴基斯坦山区，是这个国家最北部的政治实体，也是该国贫困人口聚集的区域。该地区人口总数约为 135 万。在 AKAM 项目开办之前，该地区的穷人从未有过健康保险保障，AKAM 项目为他们提供了较为充裕的医疗费用保障。在这项计划开办的前三年，就有超过 10 万人投保，参保率约为 7.5%。

同属于 AKDN 的新朱比利人寿保险公司为 AKAM 承保风险，是这一项目的保险人。它是一家总部位于巴基斯坦卡拉奇的商业保险公司。为了利用现有渠道降低销售成本，并减轻逆向选择，保险公司与当地组织合作，以团体保单的形式销售保险。项目面向当地各个村民组织（village organizations，VOs）和妇女组织（women's organizations，WOs）逐步推广。项目要求各组织先进行一轮关于成员保险需求的预调查。如果在预调查中，有 50% 以上的成员表示愿意购买小额保险产品，则向该组织成员开放投保渠道。在每个符合最低投保率要求的组织中，居民需以家庭为单位集体投保。这些制度设计在很大程度上是为了减少项目中可能出现的逆向选择问题。由于法律

---

① http://www.akdn.org/about.asp
② 巴基斯坦北部地区（Northern Areas，NA）现在被称作吉尔吉特—巴尔蒂斯坦（Gilgit-Baltistan，GB）。

监管的要求，独立的村民组织或妇女组织无权与保险公司签订合同，因此，同一地区的多个村民组织和妇女组织成立统一的非营利的地方性发展支持组织（local supporting group，LSO），LSO作为合规的法人实体，与保险公司订立合同。此外，新朱比利人寿保险公司从瑞士再保险购买了止损再保险，提供风险分担。同时，保险公司任命AKAM为小额健康保险计划有关事务的全权代表，负责与LSO以及当地组织沟通、衔接AKAM项目的相关事宜，并收集数据进行财务分析。

在销售渠道上，AKAM项目主要依靠村民组织和妇女组织现有的网络进行产品宣传和销售。2005年年末，北部地区有超过4000个村民组织和妇女组织，覆盖当地超过78%的家庭。[①] 这些组织最初是为了提升农村基建能力而成立的基层社区组织，负责筹集资金，并组织村民修整公路、修建小型防洪灌溉工程等。随着小额金融项目在当地的兴起，这些组织也负责协调和参与社区内小额贷款项目的运作，为社区居民脱贫减贫发挥了积极作用。

同属于AKDN的医疗服务提供者——阿迦汗健康服务网络为这一健康保险的参保人提供医疗服务。AKDN的这一组织在北部地区的渗透率很高，其旗下阿迦汗健康服务网络也具有很高的知名度。它已经在这一地区运营了三十多年，开办了3家医院和25个卫生所。正因如此，AKDN选择在北部地区率先试点开办小额保险项目。在AKAM小额健康险的医疗费用理赔中，超过90%的费用是在阿迦汗健康服务网络内接诊的。此外，北部地区还设有一家联合军事医院和一家政府医院。但这两家医院接诊的理赔费用不超过整体理赔额

---

① 阿迦汗农村支持计划（The Aga Khan Rural Support Program，AKRSP）对村民和妇女组织机构发展的评估调查报告，2006年。

的10%,基本只涵盖急诊服务。

在 AKAM 小额健康险计划之下,无论年龄、性别、既往病史如何,每个投保人的保险保障范围和保费都是一样的,并且针对个人没有附加任何核保要求。个人年保费为 400 巴基斯坦卢比(约合人民币 35 元)[①],并要求投保家庭在每个保单年度期初一次性缴纳所有成员的保费。相对应地,这份保单提供以下综合性保障:(1)为每个投保人提供保额为 25 000 巴基斯坦卢比(约合 2 500 元)的住院医疗费用保障;(2)为户主提供保额为 25 000 巴基斯坦卢比(约合 2 500 元)的寿险保障;(3)每人 1 张门诊凭证以免费支付一次门诊咨询费用。[②] 为了鼓励保单持有人续保,这款产品规定续保的保单持有人保费不变,但医疗费用和人寿保险的保额均提升为 30 000 巴基斯坦卢比。2009 年,北部地区的人均年收入约为 50 000 巴基斯坦卢比[③],相比之下,这一小额保险提供了较为充足的保障水平。

二、数据描述

这一项目受盖茨基金会资助,也因此采集了较为详细的投保人信息和相关投保、索赔信息。本节将此项目作为案例,使用实证方法分析项目的财务可持续性,并检验逆向选择问题的存在性。

由于 AKAM 项目要求以家庭为单位投保,因此数据分析时也将个人信息先汇总为家庭信息,主要变量包括户主的年龄和性别、家庭

---

① 2007 年的年保费为 350 巴基斯坦卢比。2008 年 11 月保费增长到 400 巴基斯坦卢比,2009 年 7 月和 11 月参保人依旧缴纳 400 巴基斯坦卢比。2010 年 7 月,保险公司将两个 LSO 组织(ZADO 和 Danyore)中新投保居民的保费增加到 450 巴基斯坦卢比,其他投保人的保费依旧为 400 巴基斯坦卢比。在数据分析中,我们剔除了受这次涨价影响的 193 个家庭。

② 投保人每使用一张门诊凭证,AKAM 向医院支付 50 巴基斯坦卢比。门诊凭证可以在参保人之间出售或者转让。

③ http://www.unicef.org

成员的年龄和性别、家庭总人数、家庭所属的 VO 和 LSO 组织等基本信息，以及和保险相关的投保日期、续保情况、详细的索赔信息。具体而言，住院数据中包括诊断信息、既存疾病、就诊医院、入院日期、住院时长以及总费用。

这一项目从 2007 年 11 月开始试点，一共分为 5 期。每份保单保险期间为一年。项目最初开设时将投保窗口限定为每年 11 月，这一方面是考虑到低收入者一次性为全家缴纳全年保费可能存在一定的困难，因此选择了秋收后农户现金流比较充足的时候办理投保。另一方面，选择固定月份投保，而不是全年开放投保，也是为了管理的方便，降低分销成本。此外，固定投保月份还可以适当减少逆向选择问题。否则，如果开放全年投保，人们可能会在明确预知有住院需求后才投保。除了从 2007 年到 2011 年的这 4 期 11 月份投保的保险期间之外，2009 年 7 月，AKAM 项目又新开设了夏季投保窗口。因为一方面，随着项目的推广，人们对健康保险的需求快速增长，有必要开设更频繁的投保窗口；另一方面，当地一部分家庭主要的收入来源是旅游业，因此夏季是其现金流比较充裕的时期，开设夏季窗口有利于满足这部分家庭的投保需要。

2007 年 11 月的投保时段只是一个试点，并没有收集当时家庭层面的详细信息。回归分析中使用的是四个投保时段的数据，包括 2008 年 11 月、2009 年 7 月、2009 年 11 月和 2010 年 7 月。这四个时段总共涵盖 15 692 个家庭·年（62 998 人·年）的观测值。

表 3-1 列出了 5 个投保期间项目运行的基本指标。可以看出，项目各期的赔付率均超过 100%，平均赔付率高达 1.93，即对应每收取 1 元保费，赔付 1.93 元，这显然不具有财务可持续性。具体而言，11 月投保的 3 期项目在覆盖人口上扩张很快，赔付率也从 2007 年的

1.17 大幅上涨到 2008 年的 1.93,并基本稳定在这一水平。而 2009 年 7 月是第一个夏季投保窗口,对应的投保家庭数少于秋季投保窗口,但这部分新投保家庭的赔付率高达 2.45。从这样的数据趋势中,我们很难对项目财务运行前景保持乐观。

表 3-1 分投保期间的索赔信息和赔付率汇总

变量	2007年11月	2008年11月	2009年7月	2009年11月	2010年7月*	总计
投保家庭数	1 715	5 272	2 197	5 784	2 709	17 677
投保人员数	6 044	19 463	9 087	22 940	11 508	69 042
索赔数量	768	3 370	1 905	3 474	891	10 408
索赔总额(PKR)	2 820 595	14 996 230	8 905 712	17 622 975	3 742 842	48 088 354
总保费(PKR)	2 417 600	7 785 200	3 634 800	9 176 000	4 603 200	27 616 800
赔付率	1.17	1.93	2.45	1.90	—	1.93

注:* 2010 年 7 月投保期只有截止到 2010 年 11 月的数据。此处汇报的索赔数量和总索赔数额是 5 个月的原始数据,因此未计算全年的赔付率。

三、项目可持续性分析

巴基斯坦保险业仍处于发展的初级阶段,整体增长速度也很缓慢。2008 年,该国保险深度为 0.7%,整体的保险密度仅为 6.5 美元/人。① 小额保险更是处于萌芽状态,许多小额保险项目在早期会面临的高赔付率和高失效率问题引发了项目捐助者和管理团队对可持续性问题的担忧。

从精算角度看,区分新增业务和续保业务,并分别观测其索赔趋势非常关键,这有助于我们深入分析项目的可持续性。此外,从风险

---

① 巴基斯坦证券交易委员会 2009 年度报告,第 109 页。

管理的角度看,逆向选择问题的存在性和严重程度也是影响项目可持续性的重要一环。

本节数据分析分为三个部分。在第一部分,我们首先通过直观的单变量比较分析,检验索赔情况是否随保单持有人续保次数的增加而发生恶化,为后续的回归分析提供一个初步的判断。在第二部分,我们采用更加正式的回归模型,在控制了其他相关变量后,比较小额保险人的新承保业务和续保业务,从而测试风险池是否随着时间的推移而不断恶化,并导致财务的可持续性受到挑战。在第三部分,我们构建测度家庭风险类型的指标,并通过回归分析验证高风险家庭是否更倾向于续保,从而检验项目中是否存在逆向选择问题,进而影响项目的可持续性。

理论上,续保客户对于项目可持续性的影响可以是多重的。一方面,高风险者会更愿意选择续保,从而导致可持续性下降。逆向选择就是一个典型的例证:保单持有人了解自己的风险类型这一私人信息,在遭受到外部的收入冲击时,那些知道自己属于高风险的个人倾向于继续续保,从而导致续保保单业务的盈利性不断恶化。还有另一种激励高风险者续保的可能性是,人们随着时间的推移更加了解自己的风险类型——比如知道自己打算怀孕。如果人们基于这一私人信息而选择投保或续保,那么也会导致逆向选择问题产生。

但另一方面,影响续保决定的其他一些因素可能与风险类型无关,甚至可能使项目的可持续性得到改善。第一,收入高的个人更有可能续保;如果高收入人群整体也较为健康,那么整个风险集合的可持续性会随之提高。第二,风险规避者更有可能续保,这些保单持有人更有可能采取预防措施(如定期体检),并且行事较为谨慎(发生意外事故的概率更低),那么,这类被保险人发生住院费用赔付的概率也较低,从而提高项目的可持续性。最后,非常重要的一点是保险意识的培养。在巴基斯坦这样的新兴市场,小额保险是人们认识保险价值的最初窗口。投保人在保险期间如果发生了住院费用,并获得了赔付,将大大提高他对保险的理解,并提高他续保的意愿。在一些例子中,尤其是针对急性病患者而言,手术治疗改善了他的健康情况。即使这些事件不太可能再次发生(例如急性阑尾炎导致阑尾切除),这些更加健康的参保人仍然希望续保,因为他们对保险的价值有了更好的理解。这部分续保业务实际上也会改善风险集合。

综上所述,小额保险项目中续保与财务可持续性之间的关系需要进行具体的实证检验。

(一) 单变量比较分析

表 3-2 汇总了按续保类型统计的保户索赔情况和家庭结构。结果显示,续保家庭比新投保家庭的索赔经历更优。续保家庭提出索赔的可能性更低,次均索赔金额的均值和赔付率也更低。平均索赔次数从新投保家庭的 39%,分别下降到第一次续保家庭的 34% 和第二次续保家庭的 36%。次均索赔金额也有类似的趋势。第一次和第二次续保家庭的次均索赔金额(分别为 2 933 巴基斯坦卢比和 3 109 巴基斯坦卢比)也都低于新投保家庭的索赔金额(3 247 巴基斯坦卢比)。但我们也观察到,续保家庭的家庭结构也与新投保家庭有所区别,比如户主为男性的比例更高,家庭规模更大。在控制了其他要素后,索赔情况是否依旧随续保而得以改善尚待回归分析加以证实。

表 3-2 分续保类型的索赔情况和家庭结构

变量	新投保家庭	第一次续保家庭	第二次续保家庭
索赔次数	0.39	0.34	0.36
次均索赔金额	3 247	2 933	3 109
赔付率	2.13	1.71	1.79
家庭规模	3.81	4.29	4.35
户主的年龄	45.07	45.26	47.92
户主为男性	0.73	0.75	0.80
儿童比例	0.13	0.14	0.12
青少年比例	0.18	0.19	0.24
成年人比例	0.59	0.54	0.52
老年人比例	0.10	0.12	0.12
女性比例	0.56	0.55	0.54
数量	11 454	4 025	483

除了直接观察索赔情况随续保次数的变化趋势外,赔付率也是一个综合性的衡量项目财务可持续性的指标。通过将家庭按照投保决定进行分组,并相应计算各组的赔付率,也能够直观地反映风险池随时间的变化趋势。

我们根据被保险人在 2009 年的续保决定将 2008 年 11 月和 2009 年 11 月两期的被保险人分为四组,并分别计算出各组的赔付率。图 3-3 给出了分组的赔付率结果。其中,左侧第一组是 2008 年投保,并在下一年选择不续保的保户。他们的赔付率是 1.5。而第二组是 2008 年投保,并在下一年选择续保的客户,其赔付率高达 2.26,这一水平显著高于第一组。单纯从这一数据比较,我们可能会判定选择续保的是高风险的客户,因而判断风险池会不断恶化。但深入分析的结果并非如此。左侧第三组数据汇报的是第二组客户在 2009 年实际的赔付率。这一赔付率水平从 2.26 大幅下降为 1.71。事实上,这一水平只是略高于第一组,即那些未选择续保的客户。而这一水平也大幅低于第四组客户,即 2009 年新投保的客户的赔付率水平(2.16)。

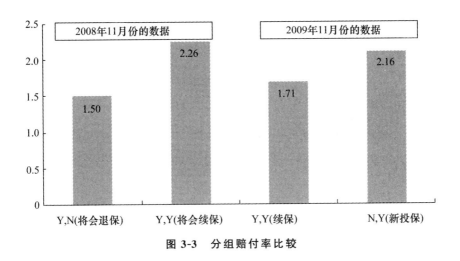

图 3-3 分组赔付率比较

如果我们使用赔付总额或者索赔次数来替代赔付率进行分析,也会发现类似趋势。也就是说,初步判断续保客户貌似是高风险客户,但实际并非如此。同一批客户的续保赔付率得以大幅改善,而新投保客户的赔付率通常很高。以下回归分析进一步验证了这一结果。

(二)可持续性分析

在单变量分析的基础上,我们使用两部模型(two part model)和 Tobit 模型分别对于续保对索赔情况的影响进行分析(Yao,2013)。模型具体形式如下:

模型 1(两部模型):

$$\text{是否发生索赔}_{i,t} = f(R_{i,t}, H_{i,t}, C_{i,t}, E_{i,t}, u) \quad (3-1)$$

$$\text{索赔金额}_{i,t} = f(R_{i,t}, H_{i,t}, C_{i,t}, E_{i,t}, u) \quad (3-2)$$

模型 2（索赔总额模型）：

$$\text{索赔金额}_{i,t} = f(R_{i,t}, H_{i,t}, C_{i,t}, E_{i,t}, u) \qquad (3-3)$$

具体而言，模型 1 是两部模型。模型的第一部分考察变量对于是否发生索赔的影响。因变量是一个表明家庭在保单年度内至少提出过一次索赔的虚拟变量。我们用 Logit 模型进行回归。第二部分，针对那些发生过索赔的家庭，我们进一步研究家庭在保单年度索赔金额的影响因素。我们对索赔金额进行了对数转换，并用 OLS 进行回归。此外，我们也使用了 GLM-Gamma 模型进行分析。模型 2 是对两部模型的一种稳健性检验，我们使用年度索赔总额作为因变量，并使用左截断于 0 的 Tobit 模型进行回归，以处理索赔金额非负，且存在大量 0 值的这样一种特殊分布情况。

$R_{i,t}$是一组标记家庭续保次数的虚拟变量，也是我们观测的核心变量；$H_{i,t}$为一系列家庭特征的控制变量，如家庭人数、户主年龄、性别以及家庭结构（小孩、青少年、老年人和女性家庭成员的比例）；$C_{i,t}$为社区控制变量，表明投保家庭所属的 LSO 组织；$E_{i,t}$是一组虚拟变量，代表不同批次的投保期间，以控制未被观测到的时间维度影响。

表 3-3 和表 3-4 分别给出了两部模型和 Tobit 模型的回归结果。

表 3-3 两部模型回归结果

变量	第一部分		第二部分			
	发生索赔，则因变量=1		ln（索赔总额）		索赔总额	
	Logit		OLS		GLM-Gamma	
	[1]	[2]	[1]	[2]	[1]	[2]
第一次续保	−0.05***	−0.037***	0.05	−0.05	0.04	−0.07**
	(0.001)	(0.001)	(0.124)	(0.132)	(0.314)	(0.048)
第二次续保	−0.04	−0.043*	0.12	0.01	0.05	−0.03
	(0.109)	(0.062)	(0.115)	(0.888)	(0.514)	(0.735)

(续表)

变量	第一部分		第二部分			
	发生索赔,则因变量=1		ln(索赔总额)		索赔总额	
	Logit		OLS		GLM-Gamma	
	[1]	[2]	[1]	[2]	[1]	[2]
Log(家庭规模)		0.16***		0.35***		0.33***
		(0.001)		(0.001)		(0.001)
户主年龄		−0.003***		0.002**		0.002**
		(0.0010)		(0.021)		(0.050)
户主为男性		−0.003		−0.05		0.03
		(0.767)		(0.205)		(0.399)
儿童比例		0.17***		−0.49***		−0.53***
		(0.001)		(0.001)		(0.001)
青少年比例		−0.31***		−0.41***		−0.31***
		(0.001)		(0.001)		(0.001)
老年人比例		0.03		0.40***		0.36***
		(0.187)		(0.001)		(0.001)
女性比例		0.08***		−0.17**		−0.12
		(0.001)		(0.030)		(0.120)
2009年7月投保		0.01		0.050		0.09**
		(0.585)		(0.220)		(0.031)
2009年11月投保		−0.02*		0.07**		0.11**
		(0.100)		(0.028)		(0.003)
2010年7月投保		−0.24***		0.56***		0.71***
		(0.001)		(0.001)		(0.001)
LSO固定影响		X		X		X
R^2			0.0007	0.9859		
AIC	21 139	19 693	17 826	17 331	121 036	120 515
观测值	15 962	15 962	6 032	6 032	6 032	6 032

注:第一部分模型中,因变量是表明至少在保单期间提出过一次索赔的虚拟变量,并汇报了自变量的边际影响系数。在索赔次数大于0的条件下,针对索赔金额进行第二部分分析。因变量是索赔金额的对数,并用OLS模型进行回归;此外,还使用了GLM-Gamma模型进行回归。括号中汇报的是对应的 p 值。* 10%显著;** 5%显著;*** 1%显著。

表 3-4　Tobit 模型回归结果

变量	因变量：ln（索赔总额＋1） OLS		因变量：索赔总额 Tobit	
	[1]	[2]	[1]	[2]
第一次续保	−0.41***	−0.31***	−1 429.33***	−1 472.40***
	(0.001)	(0.001)	(0.001)	(0.001)
第二次续保	−0.26	−0.38*	−876.89	−1 420.41*
	(0.182)	(0.064)	(0.273)	(0.093)
Log（家庭规模）		1.37***		6 312.36***
		(0.001)		(0.001)
户主年龄		−0.02***		−65.05***
		(0.001)		(0.001)
户主为男性		−0.05		312.26
		(0.541)		(0.389)
儿童比例		1.26***		2 411.76***
		(0.001)		(0.003)
青少年比例		−2.46***		−10 683.91***
		(0.001)		(0.001)
老年人比例		0.37**		2 261.30***
		(0.042)		(0.005)
女性比例		0.57***		1 965.78***
		(0.001)		(0.008)
2009 年 7 月投保		0.14		436.53
		(0.198)		(0.269)
2009 年 11 月投保		−0.09		−40.93
		(0.292)		(0.904)
2010 年 7 月投保		−1.96***		−5 126.87***
		(0.001)		(0.001)
LSO 固定效应		X		X
R^2	0.0018	0.4260		
AIC	90 805	89 448	143 717	142 561
观测值	15 962	15 962	15 962	15 962

注：括号中汇报的是对应的 p 值。* 10％显著；** 5％显著；*** 1％显著。

表 3-3 中第一部分模型回归结果表明，相比新投保家庭，那些续保家庭的索赔概率更低。在其他条件相同的条件下，第一次续保的家庭在保单年度提出索赔的概率比新投保家庭低 3.7%，而第二次续保家庭在保单年度发生索赔的概率进一步降低，比新投保家庭低 4.3%。另外，家庭规模、成员结构也会对索赔概率产生显著影响。

第二部分模型的回归结果表明，第一次续保家庭的索赔金额略低于新投保家庭。在 GLM-Gamma 模型中，我们发现第一次续保家庭的索赔金额比新投保家庭低 7%，第二次续保家庭的回归系数虽然也是负数，但不具有统计显著性。OLS 的回归结果也不具有统计显著性。这一结果和卫生经济学的文献发现较为吻合，因为人们可以选择就诊（即影响索赔与否），但是索赔金额的大小还受到其他外部因素的影响，比如医生的诊断结果，以及医疗服务的价格等。

表 3-4 汇总了模型 2 的回归结果。我们不区分是否发生索赔，而是将索赔总额作为因变量进行稳健性分析。这一回归结果基本与两部模型的结论一致，显示第一次和第二次续保家庭的索赔总额显著低于那些新投保家庭的索赔总额。根据 OLS 模型，在其他条件相同时，和新投保家庭相比，第一次续保的家庭会使索赔总额下降 27%，第二次续保的家庭会使索赔总额下降 32%。

综上所述，结合单变量分析结果和回归结果，我们发现选择续保的家庭并不一定是持续属于较高医疗花费风险的群体。随着时间的推移，这些续保家庭并没有表现得比新投保家庭更差。事实上，他们比新投保家庭的索赔概率更低，索赔总额也更少。由于 AKAM 项目为巴基斯坦北部地区低收入的居民第一次提供了医疗保险的保障，因此，此前常年被压抑的医疗需求在新投保的家庭中得以集中释放，这造成了新投保家庭赔付率高的现状。但是，保险产品通过赔付医疗费用在当地居民中建立了良好的信誉和形象,人们通过购买保险更好地理解了这一产品的价值,并激励家庭续保。我们从数据分析中发现,即便是此前发生过索赔的家庭也不一定意味着他们属于将持续产生高额医疗费用的高风险群体,事实上,续保家庭的索赔概率和索赔总额随着时间的推移而大幅得到改善。如果这一趋势得以保持,AKAM项目可以培育忠实客户并提高项目的续保率,那么整体风险池有望得到改善,项目也有望实现可持续发展。但是在项目扩张期间,如果新保户不断涌入,并占据风险池的较大比例,那么,这一项目不设核保、不含既存疾病免责和等待期这样一系列的特点,与新保户长期压抑的医疗需求相结合,必然给项目造成很大的赔付压力。

(三)逆向选择检验

接下来,我们通过检验家庭续保决定与风险类型的关系,来验证这一项目中逆向选择的存在性(Yao 等,2017)。模型具体形式如下:

$$P_{i,t+1} = f(W_{i,t}, R_{i,t}, X_{i,t}, H_{i,t}, C_{i,t}, u) \qquad (3-4)$$

其中,因变量代表家庭下一期选择续保,是一个虚拟变量。$W_{i,t}$是一组代表家庭风险类型的虚拟变量。我们根据家庭成员的历史索赔信息汇总家庭的风险类型。第一类是只发生过产科索赔的家庭,第二类是因为急性病而发生索赔的家庭,第三类是因为慢性病发生过索赔的家庭。$R_{i,t}$表明家庭在期初是否属于新投保家庭。$X_{i,t}$表示当期发生的索赔次数。$H_{i,t}$依旧是同一组家庭特征的控制变量。$C_{i,t}$是一组LSO(local supporting group,区域发展组织)虚拟变量,以控制地域之间医疗服务成本的差异。

表3-5汇总了回归结果。

表 3-5　Logit 模型回归结果

自变量	如果家庭将在下一期续保,则因变量=1
家庭风险类型(对照组为未发生索赔家庭)	
产科索赔	−0.000974
	(0.0215)
急性病索赔	0.0875***
	(0.0238)
慢性病索赔	0.134***
	(0.0289)
索赔次数	0.0399***
	(0.0101)
Log(家庭规模)	0.0843***
	(0.0193)
户主年龄	0.00337
	(0.00257)
户主年龄平方项	−4.35e−05*
	(2.62e−05)
户主为男性	0.0157
	(0.0176)
儿童比例	0.0653
	(0.0429)
青少年比例	−0.0923**
	(0.0370)
老年人比例	0.141***
	(0.0404)
女性比例	−0.0935***
	(0.0346)
曾经续保	0.181***
	(0.0205)
2009 年 7 月投保	−0.154***
	(0.0148)
LSO 固定效应	X
AIC	9 498
观测值	7 357

注:因变量是表明家庭在下一期选择续保这一虚拟变量,表格中汇报了自变量的边际影响系数。我们使用 2008 年 11 月和 2009 年 7 月这两期投保家庭的数据进行分析,因为可观测到他们在下一期的续保选择。括号中汇报的是对应的稳健标准差。* 10% 显著;** 5% 显著;*** 1% 显著。

回归结果表明高风险家庭的续保可能性更大。相比未发生过索赔的家庭,发生过急性病索赔的家庭的续保概率提高8.75%,而发生过慢性病索赔的家庭的续保概率提高13.4%。这两个系数在1%的水平下具有统计显著性。

通过回归分析,我们发现风险类型和续保决定显著相关,验证了项目中存在逆向选择。此外,我们专门研究了生育保险中的逆向选择问题。这主要出于以下两个理由:首先,产科相关的索赔次数和索赔金额都在整个项目中占到很高的比例,均超过三分之一。其次,生育相关的医疗花费不同于其他疾病,具有很强的自我选择性和可预见性。由于AKAM项目对个人不设核保,对于生育花费也不设等待期,因而被保险人很可能选择带孕投保,从而最大化从保险中获得的收益。

从数据中,我们可以计算出从投保日期到分娩日期的天数,从而准确核实带孕投保现象的存在。图3-4描绘了新投保保单中自然分娩索赔在保单年内的时间分布。横轴是将从投保日到分娩日之间的天数换算成相对应的保单月份。从左至右依次为第一个、第二个,直至最后一个保单月份。纵轴是每个月份发生的自然分娩的索赔次数。我们可以清楚地发现随着保单年度内时间的推移,自然分娩索赔次数呈现下降趋势。在保单年度前七个月,索赔次数非常多,月均索赔次数达到211次,而相对地,保单年度后三个月的月均索赔次数仅为85次。总体上看,保单年度中75%的自然分娩都发生在前七个月,也就是说被保险人是带孕投保的,而后三个月(即非带孕投保)提出的索赔数仅占全年的13%。

为了进一步为产科服务中存在逆向选择提供补充证据,表3-6列出了AKAM项目参保人口的出生率与巴基斯坦全国对应年份人口

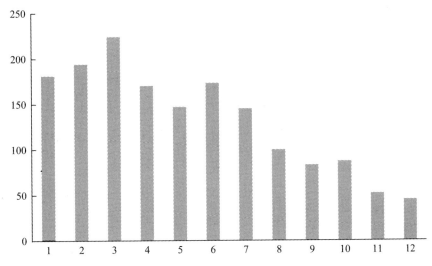

图 3-4　新投保保单中自然分娩索赔在保单年内的时间分布

出生率的比较。出生率定义为每年每 1 000 人对应的出生人口数。可以清楚地发现,AKAM 保单持有人的出生率显著高于全国平均水平。特别是 2009 年 7 月投保这一期的出生率甚至高达全国同期水平的 2 倍(56.27∶27.62),这一项目中异常高的出生水平也从侧面证实了在产科相关的索赔中存在逆向选择。

表 3-6　巴基斯坦和 AKAM 计划的出生率比较

	2008 年	2009 年
巴基斯坦全国生育率	28.35	27.62
AKAM 项目生育率		
2008 年 11 月投保	34.44	
2009 年 7 月投保		56.27
2009 年 11 月投保		33.95

资料来源:http://www.indexmundi.com/g/g.aspx? c=pk&v=25。

四、结论

对于这一案例的深入分析可以得出以下一些结论。首先,如果项目在设计机制上对于逆向选择没有充分的防范,那么财务可持续性的确会受到一定挑战。高风险的家庭更倾向于续保,而产科这类具有较高可预见性的医疗服务也会被广泛使用,并给项目造成沉重的财务负担。为了减轻产科中的逆向选择,小额保险组织可以选择设置等待期,但这有可能造成被保险人的误解,从而损害小额保险的声誉。因此,设置充分的沟通机制显得十分重要。而另一个相对简单有效的解决方案是由政府提供生育保险,小额保险转而提供其他医疗服务,从而提高财务的可持续性。

数据分析还发现带孕投保和其他被压抑的医疗需求都是造成新投保家庭在首年索赔概率、索赔金额偏高的原因。随着时间的推移,续保家庭的索赔次数和总索赔额可以发生大幅改善,这有益于项目的持续发展。

最后,这一案例为其他小额保险项目的发展提供了两点启示:第一,小额保险项目需要采取必要措施以减轻逆向选择的影响,以便实现财务可持续。第二,由于小额保险的经营环境和其特殊性,小额保险项目对于运行早期的高赔付率需要有所准备。随着保险意识的提高、客户忠诚度的上升,续保率相应提高会逐步缓解高赔付率的现状。结合抵消逆向选择的相应措施,并引入政府分担特定保障内容或提供补贴,小额保险项目有望大幅改善其赔付率,并逐步实现财务的可持续发展。

第四节　改善小额保险可持续性的政策建议

促进小额保险项目实现可持续运营的策略包括三类：(1) 提供有限的保障；(2) 注重提高项目的运行效率；(3) 积极拓展收入来源。

在控制保障成本方面，保险公司可以通过降低赔付上限、缩减承保范围等举措将项目整体的保障水平限制在一定范围内，从而降低赔付压力。例如，小额信用保险就是为投保人提供和未偿贷款额度相等的人寿保障。这类小额保险产品占据了较高的市场份额，发展得也很快。但它提供的保障水平通常有限，其主要作用在于协助被保险人获得贷款，并保障贷款机构的资金安全，无法为被保险人提供充足的死亡风险保障。

小额保险项目还可以通过承保特定风险或者特定人群来缩减保障范围。例如，小额健康险项目可以专注于承保住院医疗费用，从而规避了门诊和药品费用的负担；也可以专门设计重疾险保单，简化为一次性定额赔付产品，从而降低管理费用；或者设计专门针对育龄女性的小额生育保险，以专门承保与生育相关的费用。这类举措可以显著提高项目的可持续性，但其问题在于如若提供的保障水平过低或者过于细化，则无法满足参保人的要求，从而影响项目的参保率和续保率。小额保险需要和当地现有的基本医疗保险或者其他社会保障项目、社会福利项目进行对接，从而提供有益的补充。

保险公司还可以通过组织结构、产品、渠道等各个方面的创新提高项目的运行效率，并改善财务可持续性。小额保险可以积极探索与包括小额金融机构、扶贫组织、社区组织、医疗网络组织在内的各类机构进行合作和组织架构整合,从而在保费收取、产品推广、渠道建设、服务购买等多方面获得便利条件。比如,与小额金融机构共同开发和销售针对金融客户的寿险、健康险产品,并借助小额金融机构的还款渠道统一从贷款利息中合并收取保费。这一合作方式不仅降低了管理成本,实质上还可以降低小额保险的核保成本。为了获得贷款审批资格,小额金融机构的客户需要提供相应的资质证明和经营计划,这些客户的健康水平通常相对较好,从而也是较为优质的小额保险客户。然而,这种合作关系的主要缺陷在于小额保险公司和小额金融组织的目标利益可能存在差异。因此,和小额金融机构的合作关系只适合一些特定种类的小额保险产品,小额保险公司需要寻求其他合作渠道,将产品拓展到更广阔的范围。

除了小额金融机构之外,邮局、种子站、电力局、便利店等深入目标客户聚集区的现有实体也是小额保险组织潜在的合作伙伴。在不同地区的小额保险实践中,通过合作探索展业和管理的新模式可以大大降低成本,提高运行效率。拉丁美洲小额保险的平均费用率为25%。从2005年到2011年,拉丁美洲的小额保险公司积极与零售超市、电力公司以及其他大众消费终端进行合作,从而扩展了1 500万新客户,实现了高速增长。很多保险公司设立集中的客户电话服务中心以节省渠道成本,同时,大约三分之一的保险公司都购买了专门的软件管理系统以提高后台业务运营的效率(Microinsurance Network,2015)。

此外,在一些基础设施具备条件的地区,还可以借助手机移动网络完成保费缴纳、续保、理赔申报等事项,以简化流程,并降低营运成本。非洲地区的许多小额保险项目依靠与手机移动运营商的深度合作,通过手机终端设备简化投保、缴费流程,并大幅拓展了市场。从

2008年到2011年的短短三年时间内,与移动服务运营商的深度合作带来了小额保险参保人数高达200%的快速增长。

在服务购买方面,一些小额保险项目可以通过集中规模型采购压低成本。例如,和当地的医疗服务网络签订合作协议,以较低的价格采购医疗服务,或者以人头费的方式支付保费,与医疗服务提供方共同分担财务风险。此外,一些小额寿险项目也可以通过和当地殡葬服务提供组织合作,签订协议降低采购成本。

值得注意的是,小额保险项目在运行初期的费用率通常很高。一方面,一些基础设备的添置、渠道的建立,以及宣传、营销、佣金费用很高;另一方面,有限的保单数量很难摊薄管理成本和运营成本,造成一些财务压力。而随着项目的扩展,费用率一般可以得到很大的改善。

在拓展收入来源方面,小额保险项目主要可以采用三种方式。第一种是通过内部的保费转移用其他常规保险业务的利润补贴小额保险。拉丁美洲将大众保险与小额保险结合的做法是一种创新。2013年,拉美地区小额保险的保费收入为8亿美元,实现了2亿美元的税前利润(Microinsurance Network,2015)。这很大程度上归功于大众保险的迅速发展。大众保险主要面对的是中等收入人群,单均保费更高,利润空间更大。

第二种拓展收入来源的方式是与政府合作,获得补贴以改善财务表现。在很多地区,小额农业保险都获得了很高的政府补贴。但是在这种方式下,小额保险项目本质上还是不可持续的,需要持续的外部输血而存活。一旦补贴取消,项目将立刻面临巨大的财务压力。

第三种拓展收入来源的方式是用捐助资金进行投资,用投资收益补贴小额保险业务。这种方式的主要挑战在于,需要维持一个较大规模的分离基金,并获得相对稳定和可观的收益水平。随着小额保险项目主业的快速增长,所匹配的投资资金的规模可能会出现新的缺口,因此这种方式的可持续性也十分堪忧。

第四章　小额保险的影响问题

第一节　影响问题概述

从创立伊始,小额保险的社会效益就与经济效益具有同等重要的地位,且面对相辅相成的目标。小额保险项目之所以能够获得来自国际组织、各国政府、监管部门以及非营利组织的广泛关注,得以快速发展,也是出于对其通过商业渠道实现社会效益这一模式的认可。因此,实际评估小额保险项目的社会效益及其影响便显得十分必要,这有助于稳固监管部门、项目捐助人,以及消费者对于小额保险项目的信念,也有利于及时发现问题并适当调整,以促进项目的长远发展。

低收入群体抵抗风险的能力较弱。风险事件的发生不仅使得低收入者遭受收入损失(或其获得收入的能力,即人力资本遭受损失),而且增加了相关支出(比如丧葬费用、医疗费用、重新购置生产工具的费用等),这些因素一同消耗了低收入家庭有限的财务资本和人力资本积累,使其进一步贫困化;而家庭在面对风险带来的收入不确定性时往往降低了其融资、投资的意愿和能力,从而更加难以摆脱贫困的陷阱。

从宏观的运行机理上,针对低收入群体的需求合理设计的小额保险产品可以帮助低收入群体以可承受的价格对风险进行事前的转移,这不仅使其抵御风险的能力大幅提升,而且较为稳定的收入预期增加了个人或家庭进行借贷、投资的机会和能力,从而成为低收入群体减贫、脱贫的助力。但实际运行中,小额保险项目是否达到其社会目标是需要实际评估检验的。它对低收入群体所造成的实际影响也需要通过数据进行严谨的分析,以证明小额保险是一种更有效率的风险管理模式。

根据 Sandmark(2013)的定义,小额保险的社会效益是指有效地设计和销售为低收入群体创造价值的产品,以使得其更高效地进行风险管理。社会效益是一个较为宽泛的概念。如图 4-1 所示,社会效益可以进一步分为产品设计、执行渠道、产出、结果和影响这五个环节。

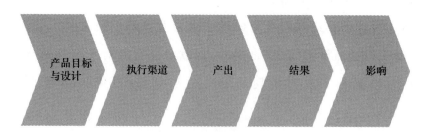

图 4-1　社会效益的五个环节

我们以小额健康险为例,具体分析社会效益的各个环节。在产品设计中,小额保险项目应明确其覆盖的保障内容(比如住院医疗费用保险、预防性医疗支出、生育保险等),并确保这些保障内容符合目标人群的需要,能够与原有的医疗保险体系形成互补。在执行渠道方面,小额健康险项目需要确保在目标人群聚集的区域有较为便利的医疗卫生网络,并与之合作提供相关医疗服务。小额健康险的产出可以通过参保人的就诊次数、报销费用等具体指标进行衡量,而其结果可以通过检验参保人的健康水平、疾病造成的家庭经济负担水平的变化而得出。最终,核实小额健康险的影响则需要正式建立项目与参保人的健康水平,乃至经济能力之间的因果关系。通过分析这一整个链条,我们发现真正评估小额保险的影响需要采用严谨、科学的方法进行实证研究。很多现有的研究停留在评估项目的产出和结果上,而没有真正建立具有因果效应的关系链条,也疏于分析项目在设计初衷和执行渠道方面的特征及不足。

本章第二节着重对现有相关研究的成果进行系统性的梳理和总结,介绍实践中使用的评价小额保险社会效益的指标体系,并针对特定险种分别整理针对项目影响研究的一般性结果。在现有文献的基础上,第三节使用印度 YESHASVINI 小额健康险项目的数据进行案例研究,分析项目运行的实际影响及经验总结。第四节则结合国际经验和现有的研究发现,对提高小额保险项目的成效提出相应的政策建议。

第二节 小额保险影响的度量方法与相关研究

评估小额保险项目的影响需要严谨的实验设计和数据分析。现有的衡量思路主要分为两类:第一类是实践中使用的,便于项目主办方进行自我评价和追踪比较的社会效益指标体系;第二类是针对特定项目进行的较为规范的实证分析研究。由于不同险种的产品在设计、产出和结果方面都无法用同一指标进行衡量,因此我们将针对特定险种分别归纳现有研究所得出的一些共识。

一、社会效益指标体系

和衡量经济效益的指标体系类似,针对小额保险的社会效益,世界银行扶贫协商小组(CGAP)的小额保险研究组在2007年首次发布的《小额保险财务表现指标指导手册》中初步提出了四个衡量社会效益的统计指标(Wipf和Garand,2008),具体如下:

(1)社会投资比率是指项目在信息、教育和沟通方面的总投入占项目总投入的比重。这一比例越高,说明项目投入的正外部性越高。

(2)低于贫困线的参保人比率是衡量项目参保人群构成的指标。这一比例越高,说明小额保险项目真正惠及了低收入群体。

(3)保险赔付金额与参保人年收入之比是衡量小额保险保障程度的指标。这一比例较高说明项目为参保人提供了更充足的保障。

(4)提供医疗服务的成本与健康险年保费之比是衡量小额健康险效率的指标。这一比例较高说明项目的运行更有效率,用有限的保费购买到更多的医疗服务。

在第二版修订中,CGAP小额保险研究组进一步完善了这一指标体系,并列出了涵盖产品价值、客户保护度、客户包容度以及社会效益管理四个领域的十项度量指标(Sandmark,2013)。具体包括:

产品价值度量：

（1）*净赔付比率。净赔付比率是指已发生赔付与已赚保费之比。它衡量的是小额保险对于参保人的价值，净赔付比率过低的产品说明并未能为客户提供有价值的保障。

（2）*续保率。续保率是指实际续保人数与符合可续保条件的现有客户人数之比。它衡量的是在符合续保条件的客户群体中，有多大比例的客户选择续保，是衡量客户满意度的重要指标。

（3）*理赔赔付期间。理赔赔付期间是指从客户提交理赔申请到实际获得赔付之间耗费的天数。它衡量的是保险公司处理理赔案件，并进行赔付的效率，是衡量服务质量，并进一步影响客户满意度的重要指标。

客户保护度度量：

（4）*拒赔率。拒赔率是指拒赔案件数与申报理赔案件数之比。它衡量的是产品设计的合理性、销售人员信息沟通的充分程度，以及核赔环节的合理性。

（5）客户投诉率。投诉率是指客户投诉件数与参保人总数之比。它衡量的是客户对产品整体运行情况的满意程度。

客户包容度度量：

这一系列度量指标是为了检验项目是否覆盖了设计时所设定的弱势目标人群，并为其提供了相应的教育、信息等服务。

（6）*参保覆盖率。参保覆盖率是指参保人数占该地区符合参保条件的目标客户人群的比例。它衡量的是小额保险项目展业的有效性。

（7）低于贫困线的参保人比率。

（8）参保人中妇女的比例。

(9) 参保人中退休者的比例。

(10) 社会投资比率。

社会效益管理：

这一指标主要针对小额保险机构，而非具体的保险产品。它强调小额保险项目是否明确界定了其社会目标和责任，并敦促董事会、管理层以及所有员工按照这一目标行事。同时，通过内部和外部的审查机构进行有效监督。

需要注意的是，这十项指标中，星号标注的五项是与衡量小额保险的财务指标体系相重合的。这也充分说明了小额保险的社会效益和经济效益是有机统一的整体。此外，指标体系的主要作用在于项目管理者可以及时简便地计算和追踪分析项目的社会效益表现，进行有效的内部监控，以便确保产品符合客户的需求，力争提高续保率，维护产品信誉，并实现快速发展。这一指标体系主要适用于项目自身的纵向比较，而不宜进行项目间的横向比较。如果要进行横向比较，需要谨慎解读这一结果，因为不同国家、不同险种、不同产品设计使得指标间简单的横向比较难以得到具有说服力的结论。

二、小额保险影响的实证研究分析

（一）小额健康险

小额健康险是低收入群体迫切需要的一类保障，但由于产品提供的复杂性，以及配套医疗网络建设的障碍，小额健康险产品仅占现有小额产品数量的11%左右（Roth等，2007）。但是由于在这一险种中风险事故发生得相对频繁，对其影响比较容易估量，因此在现有文献中，实证研究小额健康险的文献占据大半比例。

小额健康险的影响可以分为多个层次考察：(1) 是否提高了正规

医疗服务的使用率;(2)是否降低了自付医疗费用(out of pocket expenditure,OOP);(3)是否改善了参保人的健康状况;(4)是否产生了其他社会效益和正外部性?比如增加医疗服务网络建设、提高医疗服务质量、增加劳动供给、促进投资就业等。

此外,更重要的是需要验证在小额保险项目和上述影响之间是否存在因果关系。通过实证方式,严谨地验证因果关系面临一系列挑战。简单地对比参保人和非参保人的医疗服务使用、费用分担或者健康状况,并将其差异归因于健康险的研究忽略了自选择偏差(self-selection bias)这一问题,即选择参保的人本质上与选择不参保的人有所差异,这也可能体现为我们常说的逆向选择问题。因此,严谨的分析需要采用随机控制试验(randomized controlled trials,RCT)设计,即将受访人随机分入参保组或非参保组,并将两组结果进行比对,以消除自选择。但 RCT 实施起来比较复杂,成本也更高,在一些低收入地区的可行性不高,因此,也有学者采用其他统计或计量方法,如倾向得分匹配法(propensity score matching)来增加参保组和非参保组之间的相似程度,并得出相对严谨的结论(Radermacher 等,2012)。

以下我们按照小额健康险影响的四个方面分别梳理现有的采用 RCT 或者较为严谨的实证方法分析得出的研究结论。

1. 小额健康险对正规医疗服务使用率的影响

保险机制的存在导致参保人使用正规医疗服务的可能性和频率都大幅增加,这一结论是针对不同项目的多项研究所达成的共识。这一促进效果在项目初步推行时尤其显著,因为保险的存在释放了低收入居民长久被抑制的医疗需求(Yao,2013)。

在综合性医疗服务方面,Schneider 和 Hanson(2006)使用卢旺达社区小额健康险的入户调查数据分析发现,参保人在过去两周去医院看病的次数显著多于非参保人群（两组平均的就医次数分别为 0.453 和 0.146）。同样使用卢旺达社区小额健康险的数据，Saksena 等（2011）得出了类似结论。他们发现参保家庭的就医次数是非参保家庭的 2 倍。Msuya 等（2007）实证检验坦桑尼亚社区健康险对于寻求就医服务的影响，并发现参保家庭的成员患病就医的比率比非参保家庭高出 15%。Jütting（2004）使用塞内加尔小额健康险调查数据发现，参保人就医的概率比非参保人高出 2%。

在门诊服务方面，印度的 CARE 基金会资助的项目运用了随机控制试验来检验参保对于门诊服务使用率的影响。这一项目向村子派驻了社区义诊员以提供初诊和预防性医疗服务，并将有需要的病患转诊到正规医院，并将病患随机分配到参保的试验组或自费的对照组（Mahal 等，2013）。研究发现参保组去医院就医的可能性大大高于自费组。Dror 等（2006）分别构建了菲律宾健康险参保组和非参保组的收入集中指数，并发现非参保家庭的家庭收入显著影响就医次数（其集中指数为正数），而参保家庭的收入对就医次数并无显著影响（其集中指数接近于 0）。此外，参保家庭门诊就医的概率也与收入无关，而非参保家庭的门诊就诊次数与收入显著正向关。

在产科服务方面，Smith 和 Sulzbach（2008）使用塞内加尔、马里和加纳三国的入户调查数据，检验了参保社区小额健康险（CBHI）对于去正规医院寻求产科服务的影响。这一研究发现这二者之间存在正向关系，CBHI 参保人更可能去接受正规的产科服务，尤其是进行高花费的产科手术。Desai 等（2011）的研究进一步印证了这一结论，他们使用印度的 SEWA 小额健康险数据发现，参保妇女实施子宫切除手术的比例显著高于非参保妇女。参保人中城市和农村妇女接受子宫切除手术的比例分别为 9.8% 和 5.3%，而非参保人中这两个比例分别为7.2%和4%。

2. 小额健康险对参保人财务情况的影响

现有研究普遍发现参保降低了个人的自付医疗费用，为参保人提供了一定的财务保障。

Saksena等(2011)发现卢旺达的小额健康险项目能够为参保家庭提供财务保障。他们用家庭扣除食品以外的其他支出测量家庭支付能力(capacity to pay，CTP)，并用自付医疗费用占CTP的比例作为保险保障力度的衡量变量。研究发现，非参保家庭发生灾难性医疗支出的概率远远高于参保家庭，可达到后者的四倍之多。Asfaw和Jütting(2007)使用塞内加尔小额健康险的数据得出了类似的结论，他们发现在发生医疗费用的家庭中，参保家庭发生灾难性医疗支出的概率比非参保家庭低7%，且这一差异具有统计显著性。

Mahal等(2013)使用随机控制试验发现，相比自费组，参保组的自付医疗费用更低，且平均的住院时间更短。这一结果可能是由及时就诊使得参保人可以更早诊断、控制病情所导致，从而减少了医疗费用的不必要支出。Jütting(2004)也发现塞内加尔小额健康险参保人的自付费用显著低于非参保人，其费用比后者低45.2%。

Msuya等(2007)研究发现，参保组和非参保组支付医疗费用的方式存在显著差异。非参保组中动用家庭储蓄支付药品和检查费用的比例分别为55%和57%，而参保组中这两个对应比例分别只有11%和4%。在非参保组中，有近四分之一的家庭挪用了食品支出以负担药品和检查费用，而参保家庭中这一比例仅为5%。他们进一步比对了参保组与非参保组的收入水平，发现二者并不存在显著差异，这说明保险为参保家庭提供了较好的财务保障。

为研究小额健康险对降低贫困的影响，Hamid等(2011)分析了孟加拉格莱珉银行小额健康险提供地区的参保人与非参保人在家庭收入、土地以外的资产、食物充足率以及贫困率方面的差异,并发现参保家庭的食物充足率显著高于非参保家庭。

Akotey 和 Adjasi(2015)使用加纳入户调查数据研究小额保险对改善参保人群资产差异的影响。他们以12种分类指标辅以权重构建了资产指标,并用基尼系数方式比较资产差异性在参保人群和非参保人群之间的区别。其研究发现,参保人群的资产分布公平程度相对更高,显示了小额保险对参保人资产保障的作用。

Dekker 和 Wilms(2010)研究了乌干达小额健康险对参保人筹资方式的影响。他们发现相比非参保家庭而言,参保家庭变卖资产的概率更低,而两组家庭发生借贷的概率并不存在显著差异。但普遍而言,参保家庭借贷的金额更小,变卖资产的额度也更低。

3. 小额健康险对参保人健康状况的影响

现有研究成果对于小额健康险是否直接改善参保人健康状况的意见不一。一方面,可能是由于学者们使用了不同的指标衡量健康水平(通常包括主观和客观指标)。主观指标一般使用受访者自评健康水平,而客观指标可以是身体质量指数(body mass index,BMI)、日常活动能力指数(activities of daily living,ADL)等。指标选取的差异使得不同研究之间很难比较。另一方面,衡量误差、样本数量,以及项目实施年限的限制都造成精确衡量项目对健康状况的影响仍需更多研究投入。

Hamid 等(2011)同时使用了主观指标和客观 ADL 指数来衡量孟加拉格莱珉银行小额健康险对于贷款人(参保人)健康程度的影响。他们发现虽然小额保险显著提高了参保人正规医疗服务的使用率(参保人的就医率比非参保人高 51.5%),但两组之间无论是主观还是客观指标衡量的健康程度并不存在显著差异。他们认为可能有多方面的原因导致了这一结果：首先，大部分受访者自评健康为良好——出于希望继续获得贷款的目的，他们有动机不完全如实汇报，导致存在一定误差；其次，该项目只为参保人提供初级诊疗服务，这类服务对于健康的影响可能需要更长时间才能显现；最后，受访者一般是家庭户主，而保险是以家庭为单位提供的，因此，保险对于其他成员健康的影响并未体现出来，从而造成对影响的低估。

Levine 等（2016）使用随机控制试验设计分析了柬埔寨农村地区推出的 SKY 小额健康险对于参保家庭的影响。他们发现，参保组成员在发生疾病时更多地使用了项目所涵盖的公立医院的服务，并相应减少了私立诊所的使用，同时参保家庭因患病而借贷的比例明显下降。他们使用家庭成员身故、经历大病或者孩子发育不良作为衡量家庭健康状况不利的指标，但由于样本数量较少，并未发现试验组和对照组之间存在显著差异。

另一方面，也有一些研究初步验证了保险对于健康状况的积极影响。Pradhan 和 Wagstaff（2005）使用身高、体重和身体质量指数（BMI）等客观指标，发现越南参保青少年的身体指标优于非参保组。而 Quimbo 等（2011）使用菲律宾受访者的血样数据以及发育不良比率进行分析，发现参保组中发育不良的比率以及感染率低于非参保组。

Blanchard-Horan（2007）通过对乌干达三个城市的问卷调研，比较研究了小额保险参保人和非参保人在疟疾治疗方面的差异，发现参保人就医的时间远远早于非参保人，尽早治疗有利于疾病控制，并降低整体治疗的费用。这一研究认为，推广小额保险有利于降低疟疾的致病率和严重程度。

4. 小额健康险的其他效益

小额健康险的提供还可以带来其他社会效益，以及正外部性的溢出，比如促进医疗服务网络建设、改善医疗服务质量、增加劳动供给、促进投资就业、增加团体凝聚力等（Radermacher 等，2012）。但实证严格检验这些效应的研究比较罕见，这也是未来需填补的空白。

现有研究发现小额健康险为家庭提供财务保障，从而可以减少童工供给。Landmann 和 Frölich（2015）研究巴基斯坦 NRSP 小额保险项目，并通过随机控制试验和入户调查的方式验证了参保地区的童工供给量更低，高危就业和童工收入也有所降低，这是小额保险带来的重要的社会效益。

（二）小额农业保险及财产险

低收入群体的财产通常十分有限，对于财产险的需求也远远低于人身险。此外，财产险在承保、核赔环节的成本也较人身险更高，因此实践中小额财产/责任险项目（如房屋、车辆、责任险等）比较少见。

主流的小额产品主要包括农业保险和牲畜保险（如生猪保险、牦牛保险等）。农作物和牲畜是农牧民的主要生活来源，而其产量和效益受到自然灾害、病虫害等因素的影响，小额保险可以提供相应的保障。但这一类产品可能产生较多的道德风险和欺诈问题，为了用低成本的方式消除道德风险，许多国家试点了指数保险，尤其是天气指数保险。这一险种的特点是按照某一客观的天气指数作为保险赔付的触发机制，而无须实地衡量验证个体被保险人的实际损失情况，因此不会产生道德风险，也大大降低了核赔成本。

小额农业险和财产险对参保人的积极影响主要可以分为两个方面：首先，在事后效应方面，风险的转移支付可以使得参保人减少借贷，不需要动用储蓄或者占用食品、教育等必要支出或变卖生产资料,从而改善其财务的稳定性,防止返贫;其次,在事前效应方面,由于参保人对于未来财务具有更加稳定的预期,因而可以改变其资产积累和资源分配的方式,以更多地投资于生产资料、人力资本等,从而促进脱贫。

在事后效应方面,一些研究发现小额保险能够有效地降低相应的风险。Chantarat等(2013)评估了一项在肯尼亚北部推出的牲畜指数保险产品,发现这一产品分担了牲畜死亡风险的25%—40%,减轻了参保人的经济负担。但也有研究发现小额保险的作用并不显著。Karlan等(2008)使用随机控制试验的方式测试农产品价格保险是否对参保人的投资、收入造成影响。这一保险产品将农产品价格低于市场历史最低价格作为触发条件,并在满足赔付条件时赔付小额贷款本息之和的50%。通过比较试验组和对照组发现,在投保率、还贷率、种植量、劳动投入、产量和收入方面都不存在显著差异,研究仅发现参保组化肥的购买额比非参保组显著高出23.1%。这一试验的样本量较小,仅为126户(试验组60户,对照组66户)。

在事前效应方面,Hill和Viceisza(2012)通过试验发现小额天气指数保险能够促进参保人进行有风险的生产投资。他们在埃塞俄比亚农村地区进行的这项试验使用购买化肥这一决策作为投资的衡量。研究发现在随机分配的参保组中,购买化肥的概率更高,数量更大。同样地,Ragoubi等(2013)在突尼斯西北地区试验降雨指数保险对于参保地区农户收入以及农业技术创新的影响,发现参保地区的农户乐于接受新的试验品种,在最优的作物配置中加入新型的硬质小麦,且这些农户的预期净收入更高。Mosley和Krishnamurthy(1995)也发现由于农业保险的作用,印度农民愿意转而尝试种植产量更大的农作物,但农民的贷款还款率却并未因保险的存在而有所改善。在牲畜保险方面,也有研究验证了这一事前增加投资的作用。Cai等(2010)通过随机试验发现中国的生猪保险有效地提高了生猪供应量,且这一效应在长期内得以维持。

(三)小额寿险

低收入家庭中的成员身故可能会给家庭带来额外的经济负担,这不仅意味着需要支付丧葬费用,还可能带来劳动人口的丧失。尤其当家庭的经济支柱不幸身故时,对整个家庭会造成重大打击。进一步,如果家庭还有未偿还的债务,则可能使财务状况雪上加霜。小额寿险可以防范死亡风险对家庭财务的冲击,是低收入群体需要的一类保障。

由于小额寿险产品设计简单,风险事故容易定义,且发生道德风险和逆向选择的概率较低,因此实践中这类产品比较普及。信用寿险尤其占据很高的比例,大约60%的小额寿险产品都属于信用寿险(Roth等,2007)。信用寿险的保额与未偿贷款的金额相等,保险期限与贷款期限挂钩,其作用在于保障被保险人身故时用保险赔付清偿贷款,无须为遗属带来额外的经济负担。这类产品常常通过小额金融机构进行销售,保障小额金融机构贷款的安全。有的小额金融机构以强制或半强制的方式要求贷款人投保小额信用寿险,作为发放贷款的条件,因此其普及程度尤其高。

小额信用寿险产品属于一种短期的人身保障,其保费很低,推广容易,保费也常常和贷款利息一起缴纳,节省了交易成本。从某种程度上可以说,小额金融机构是这一产品的主要受益人,小额信用寿险保障了它的资金安全,降低了坏账率。而产品对于遗属的保障微乎其微,因为其保额通常不会高于贷款余额,因此,遗属无法从中直接获得赔付。而另一方面,即便没有信用寿险,小额金融机构也不一定能够从遗属那里追偿到贷款,而很可能将其作为呆账、坏账处理。因此,信用寿险对于低收入家庭的直接保障作用比较有限。

小额丧葬保险也是一种典型的寿险保障,10%的小额寿险保单属于丧葬保险(Roth 等,2007)。其赔付方式可以是以现金支付丧葬费用,也可以是以购买丧葬服务的形式进行赔付。社区模式的小额丧葬保险常以购买服务的方式进行给付,这有利于压低采购服务的价格,以降低运营成本。这类项目在非洲较为常见。

由于死亡事件发生的概率很低,且小额寿险产品推行的时间也大都有限,因此大规模实证检验小额寿险对家庭的影响不太可行。这一领域的研究尚存较多空白,现有的少量研究主要关注小额保险和其他金融产品的购买决策。例如,Giesbert 等(2011)针对加纳小额寿险的研究发现,购买小额保险和其他金融服务之间存在相互促进的作用。

第三节 案例研究:印度 YESHASVINI 小额健康险项目[①]

一、项目概况和特点

印度是一个人口众多的发展中国家,包括农民和非正规就业人员在内的低收入群体的健康保障是原有体制下的薄弱环节。YE-SHASVINI 小额保险项目正是针对这一人群推出的可自愿加入的社区型保险,它最主要的特点是促进了公私多部门的合作,共同分担风

---

① 本节案例内容主要根据 Aggarwal(2010,2011)整理。

险并提供保障。

2003年,在印度卡纳塔克邦合作部的倡导下发起了这项为农村合作社农民社员以及非正式就业人员提供健康险的项目。到2010年,这一项目的参保人已达到300万人,覆盖了15%的目标人群,参保人占卡纳塔克邦农村人口的比例达到8.6%。

YESHASVINI小额保险项目由政府合作部、农村合作组织,以及包括私立医院在内的医疗服务提供网络共同参与和支持。在传统的社区小额保险框架下,由于受人才所限,管理能力通常较为薄弱。而YESHASVINI小额保险项目聚集了各方力量并发挥其在各自领域内的优势:政府合作部协调并监管项目的运行;农村合作组织召集成员参保并负责信息沟通;包括私立、公立和慈善性医疗组织在内的医疗网络广泛地参与医疗服务的提供。项目中的一些创新性设计有力地克服了传统上社区型小额健康险的劣势。

在治理方面,政府委托独立的YESHASVINI农民合作医疗基金会进行管理,为保险公司提供后台支持,例如签发保险凭证、理赔协调等。独立基金会的设置可以防止项目受到地方政府的过多干预。

在提高参保率方面,YESHASVINI小额保险项目积极发挥了农村合作组织的力量,以有效的方式扩大规模,以便分散风险,规避社区型保险风险集中、风险池小的弱势。印度农村的合作组织十分发达。在卡纳塔克邦共有32 804个合作组织,覆盖了1950万会员。为了提高参保积极性,合作部每年制定相应的参保人数目标,并将这一指标传达到基层政府。基层官员进一步联络合作组织的负责人沟通目标任务,同时协助开展健康险教育普及的宣传活动。

在保费设计方面,保费水平很低,投保期长,且缴纳方式灵活。项目仅收取120卢比(约人民币12元)的水平保费,且对超过5人的投保家庭给予85折的保费优惠。每年1月到5月都可以投保,缴纳保费的方式由各个合作社自主决定,可以采用月缴、双月缴或趸缴方式。

在保险范围方面,项目主要针对手术治疗费用,并提供较高的保险金额。年手术费用上限为20万卢比(约合人民币20500元)。相比当地人均约3万卢比的年收入而言,这一保障水平是比较充足的。2007—2008年间,该项目为60668例手术支付了费用。其中,心脏手术占比最高(20%),其次是产科手术。此外,该项目还提供免费的门诊咨询服务,并予以报销一半的化验费用,但该项目并不承保除手术费用外的一般性的住院费用。

在项目筹资方面,由于人均保费很低,而承诺的保障金额较高,该项目财务亏损比较严重。2007—2008年度,总保费收入为2.76亿卢比,依此计算的赔付率高达195%。为了维持项目的正常运转,地方政府额外提供了2亿卢比的补贴,而其他私人捐款和政府部门的投入也高达2015万卢比。截至2008年7月,基金会管辖的基金规模达到5亿卢比。

在医疗服务网络建设方面,通过项目合作协商,27个区域共计349家医院加入了项目网络,其中包括很多提供高质量服务的私立医院和专科医院。项目设立了正规的流程筛选可加入网络的医疗机构,并对其医疗服务的合理性、质量实施监控。同时,项目针对各类手术统一谈判设定了固定的支付金额,这一协议价格远远低于市场价,很大程度上降低了项目的成本。此外,以直接划转,而非报销的形式进行医疗支付有力地降低了项目的运营成本,政府合作部还允许项目使用现有的医保信息管理系统,从而节省了大笔的运行费用。

二、项目影响力的衡量指标构建

YESHASVINI 小额健康险项目的运行影响可以从医疗服务使用、费用负担、健康状况和经济能力四个方面来考察。

（一）医疗服务使用

小额健康险第一层面的影响在于提高医疗服务的使用,具体而言,该研究选取了以下指标衡量医疗服务的使用情况:

1. 门诊服务

（1）就医次数;

（2）门诊咨询次数;

（3）患病天数;

（4）患病次数;

（5）次均就医等待天数;

（6）私立医院就医比例;

（7）YESHASVINI 网络内医院就医比例;

（8）公立医院就医比例。

2. 住院服务

（1）住院次数;

（2）是否去私立医院住院。

3. 手术服务

（1）过去四年内接受的手术次数;

（2）公立医院的手术次数;

（3）是否愿遵医嘱接受手术。

4. 产科服务

(1) 产科检查次数;

(2) 是否去私立医院就诊。

(二) 费用负担

小额健康险第二层面的影响在于是否降低了参保人的费用负担。大部分现有研究使用自付费用(OOP)作为衡量医疗费用负担的指标,它具有一般性,但不易衡量医疗负担的相对严重程度。因此,这一研究进行相应的改进,添加了医疗费用中由借贷支付的比例,作为衡量负担医疗费用对家庭造成经济负担严重程度的标准。具体而言,该研究选取了以下指标衡量参保人在各项服务中的费用负担情况:

1. 门诊服务费用中借贷的比例

2. 住院服务

(1) 住院费用中借贷的金额;

(2) 住院费用中借贷的比例。

3. 手术服务

(1) 手术费用中自付的比例;

(2) 手术费用中借贷的比例;

(3) 手术费用中借贷的金额。

4. 产科服务费用中自付的比例

5. 整体医疗服务

(1) 总医疗费用;

(2) 医疗费用占支出的比例;

(3) 人均医疗费用。

(三) 健康状况

小额健康险第三层面的影响在于是否改善了参保人的健康水平。这是项目影响力的直接显性指标。正如上节文献综述所述，由于很多项目的运行时间不够长，而针对健康水平的评估相对困难，因此这方面的实证研究结果仍比较有限。在这一研究中，具体选取了以下指标衡量参保人的健康水平：

1. 门诊和住院服务

（1）患者的满意度；

（2）次均患病天数；

（3）治疗后是否恢复正常工作。

2. 手术服务

（1）是否需要术后干预治疗；

（2）术后生活质量是否有所改善；

（3）术后是否恢复正常工作。

3. 产科服务

（1）产程是否正常；

（2）是否实施剖腹产。

(四) 经济能力

小额健康险第四层面的影响在于是否提高了参保人的经济能力。一方面，项目节省了医疗费用，从而改善了参保人的经济状况；另一方面，参保人对于未来收入的预期更加稳定，且身体更加健康，这有助于参保人提高人力资本及其他领域的投资，并获得更高的回报。在这一研究中，具体选取了以下指标衡量参保人的经济能力：

（1）总医疗费用；

(2) 人均医疗费用；

(3) 借贷占收入的比例；

(4) 储蓄占收入的比例；

(5) 过去3年变卖资产的价值占收入的比例；

(6) 过去3年添置资产的价值占收入的比例；

(7) 过去3年的收入增长率。

三、项目实施的影响

为了严谨地分析项目所实现的效果，Aggarwal(2010)采用分层抽样的方式选取了16个地区中来自82个村子的4 109户进行调查，共计涵盖21 630人。通过倾向得分匹配法，这一研究将1 555户参与了项目的参保人(Yeshasvini households，YH)分别与1 402户未参与项目的合作社社员(non-Yeshasvini cooperative households，NYCH)，以及1 152户未参与项目的非合作社社员(non-Yeshasvini non-cooperative households，NYNCH)两个对照组按照倾向得分进行匹配，并比较以上各项指标的差异。在匹配时考虑了个人、合作社和地区三个层次的上百个具体变量。我们将这一研究的发现总结如下。

在医疗服务使用方面，研究发现，项目显著提高了参保人门诊和手术服务的使用量，但对于非收入的住院服务以及产科服务并未产生明显影响，这与项目所设计涵盖的服务项目相吻合。具体而言，参保人门诊就医次数比未参保的合作社社员高7%，患病天数和次数也均高于对照组，平均分别高出17.4%和5.6%。参保人去私立医院、YESHASVINI网络内医院就医的比例显著高于对照组，而去公立医院就诊的比例显著低于对照组。综合起来，这说明参保人享有了更多和更高质量的门诊医疗服务。在手术服务的使用上，该研究得出了类似发现,即参保人过去四年内接受的手术次数显著多于对照组,且在病情需要的情况下愿意遵医嘱接受手术的比例更高。在医院的选择方面,参保人在公立医院接受手术的次数显著少于对照组。这说明保险项目有效地提高了手术服务的使用率,降低了参保人关于费用的顾虑,使其能够承受高花费的医疗服务。

在费用负担方面,该研究发现保险显著降低了参保人的手术费用负担,在一定程度上降低了参保人的门诊费用负担,但增加了一般性的住院费用负担。同时,项目参保人整体的医疗费用高于对照组。具体而言,参保人手术费用中借贷的比例比对照组低 30%—36%;手术费用中自付的比例比对照组低 74%。鉴于手术费用是一类高额的医疗费用,也是这一项目承保的核心,这一结果显示项目较好地达到了预期目的。此外,参保人门诊费用中借贷的比例也显著低于对照组,前者仅为后者水平的 61%。但在项目不承保的住院费用和产科费用方面,参保人住院费用借贷的比例高于对照组,而在产科费用方面未见明显差异。总体而言,参保组的总医疗费用、人均医疗费用,以及医疗费用占支出的比例均高于对照组。参保组总医疗费用比对照组高 20% 左右,这主要是由于项目并未涵盖所有的医疗项目与器材,同时却吸引更多的参保人去往费用更高的私立医院就诊所致。

在健康状况方面,大部分的衡量指标在比较中并不显著。在 8 个指标中较为显著的 3 个指标分别是患者对治疗的满意度、治疗后是否恢复正常工作和术后生活质量是否有所改善。比较结果发现,参保组对治疗的满意度更高,治疗后恢复正常工作以及术后生活质量改善的可能性均更大。

在经济能力方面,参保组在过去 3 年的收入增长率显著高于对照组,这从一定程度上揭示了健康保险项目对于参保人人力资本的提升作用。

第四节　提高小额保险影响力的建议

小额保险的社会效益和实际影响评估是推动项目融资、发展的重要证据,但限于数据可得性、项目运行年限和研究方式的局限,这方面的相关研究依然较为有限。为提高小额保险的影响力,进一步吸引各方资源支持这一领域的发展,我们提出如下几点建议:

首先,合理的产品设计是使其产生影响力的重要前提。一方面,产品覆盖的风险应该是目标人群所真正迫切需要的,由此才能够真正改善其风险承受能力,提高财务稳定性。例如,YESHASVINI 健康保险项目就集中资源承保低收入群体难以独自承受的高额手术费用,并辅以免费的门诊咨询。有针对性的覆盖项目设计有助于在低保费的前提下改善项目财务运行的可持续性。而小额信贷寿险虽然由于渠道助力销量很高,但其对参保人的保障作用有限,能够造成的积极影响也较为有限。另一方面,合理设计的产品有助于吸引大规模的目标人群参保,从而扩大项目整体的影响力。

其次,吸引多方合作运行项目有利于提高项目的影响力。无论是中国人寿在旺苍试点的团体小额保险、AKAM 在巴基斯坦推行的小额健康险,还是印度的 YESHASVINI 小额健康险,都是多方共同合作的结果。政府部门在不同程度上为小额保险进行信用背书,甚至通过直接制订参保人数计划、协助保费收取、建立信息管理系统等做法增加目标人群对项目的信任度,并帮助项目降低运行成本。村委会、社区组织、妇女组织、合作组织等深入目标人群的机构可以协助信息沟通,并提升参保率。在此基础上,保险公司可以发挥比较优势,简化投保、理赔程序,设计简化保单,降低经营成本。

再次,及时监控和评估服务质量也是确保项目社会效益的必要步骤。一方面,监管机构和项目运营方应及时监控保险服务的质量。小额保险的性质决定了口碑在这一特定群体中至关重要。低收入群体对于保险的接触很少,对于保单承保的细节不甚了解。如不能及时准确地沟通则容易造成保险公司的名誉损失。低收入消费者的权益也应得到更加谨慎的对待。另一方面,项目运营方还应及时监控其他服务提供方的行为和服务质量。例如,小额健康险应及时监控医疗服务方的行为,以防过度医疗、欺诈、医疗服务质量低下为项目带来不良声誉;而以服务形式进行赔付的小额丧葬保险项目也应监控丧葬服务提供商的行为。

最后,为了能够及时、严谨地评估小额保险项目的影响力,项目资助方或监管部门应建立小额保险专属数据库,搜集项目运行的详细数据,并开放给研究者进行实证分析,以便获得科学评估,提高项目的参保率、运行效率和影响力。

第五章 小额保险的中国实践

第一节 我国小额保险的发展概况

一、我国小额保险的发展历程

在全球范围内,小额保险在过去十几年经过蓬勃发展,已经形成了一股不容忽视的力量与潮流。及时借鉴全球经验,并结合中国国情,有创造性、有效率地解决为广大低收入人口提供保险保障的问题,是我国面临的一项重要挑战。

在2007年以前,我国针对低收入群体的保障主要通过"三农"保险的方式推进。2007年,受到小额保险在其他国家发展的经验启发,中国保监会申请加入了国际保险监督官协会与贫困人口服务小组联合成立的小额保险工作组。与此同时,保监会委托中国人寿保险公司在我国中西部8个省区的24个县,共144个乡镇、432个行政村进行了较大规模的摸底问卷调查,为我国小额保险产品的设计提供依据。

为了匹配合适的目标人群,该项调查受访者中60%是以种植业为主要收入来源,以外出打工为主要收入来源的受访者占25%。因此,整体而言,受访者的家庭人均收入低于全国平均水平:51%的受访者的家庭人均收入在2000元以下;30%的受访者的家庭人均收入在2000—4000元之间;仅有19%的受访者的家庭人均收入超过4000元。通过对近万份有效问卷的统计分析,这一调研总结归纳出我国低收入居民对于小额保险需求的一些特征如下:

第一,在保额选择和保费承受力方面,调研发现1万—2万元的保额水平是受访者普遍认可的一个范围,尤其在低收入受访者中的认同度很高。而可以接受的保费区间普遍集中在101—200元这一范围。而对那些家庭人均收入在1000元以下的受访者,每年愿意支付的保费水平在50元以下。保费承受能力和收入水平呈现明显的正相关关系。

第二,在保险意识方面,调研发现79%的受访者听说过保险。在这一部分受访者中,通过保险公司或营销员渠道了解到保险的占75%,而通过亲友介绍和其他媒体了解到保险的比例分别为13%和10%。这说明我国低收入居民对保险有一定的了解,且保险营销员是向消费者传递正确保险消费知识的重要渠道。此外,受访者在调查中普遍倾向于将保险作为家庭应对风险的首选融资渠道,而低收入组别的受访者由于储蓄能力不足,对于保险的倾向性更加明显。这说明低收入受访者存在一定的保险购买意愿。

在购买经历方面,在听说过保险的受访者中有38%的人为自己或家人购买过保险。购买保险的比例在高收入组别中更高。这体现出以往农村人身保险覆盖的主要还是相对富裕的居民。而发展小额保险需合理定价,使产品惠及中低收入的居民。购买过保险的居民中,在营销员推销下被动购买的占68%,认为保险有用而主动购买的占22%,跟风购买的占5%。这同样说明营销员是提高农民保险意识的重要媒介,而通过各种方式和渠道加强消费者教育,普遍提高居民的保险意识是发展小额保险的关键之一。

第三,在产品偏好方面,受访者认为家庭主要劳动力的意外事故是最重要的风险,其次是养老和医疗问题。相应地,43%的受访者首选的产品类型是小额意外险,23%的受访者首选定期寿险;调查中受访者愿意购买的第二类小额保险产品呼声最高的分别是养老保险(33%)和重大疾病保险(29%)。这与风险排序的结果基本一致。

第四,在销售渠道方面,受访者根据可靠性和便利性对于相应渠道进行排序,结果表明大多数受访者(64%)首选村委会作为可信赖的渠道,其次是计生协。这表明结合基层组织的力量,推行全村统保模式的保单是一个可尝试的模式。

在调研的基础上,保监会认为在农村地区发展保费低、保额小、承保灵活、理赔简单的小额保险具有必要性和可行性。在调研的基础上,保监会于2008年6月正式公布了《农村小额人身保险试点方案》(以下简称"试点方案"),迈出了历史性的第一步。

试点方案规定小额保险试点产品,应是满足以下条件的普通型人身保险产品:一是保险金额在1万—5万元;二是价格低廉;三是保险期间在1—5年;四是条款简单明了,除外责任尽量少;五是核保理赔手续简便;六是主要针对低收入群体销售。在首批试点过程中,应着力推广多种形式的意外伤害保险,兼顾适量的定期寿险,择机推出可承保多个生命的联生保险,为农村单一家庭提供整体保障,解决低收入群体突出关心的意外风险和死亡风险。

在业务模式方面,试点方案鼓励保险公司采用团体承保方式,并指出如果以个险方式承保,保险公司可以只向客户提供简单的保险凭证,以节约成本;鼓励保险公司借助与低收入群体有日常经济往来的小额金融机构、农产品零售商等,使小额保险产品的销售附加在已经存在的交易上,从而降低管理成本和一些费用支出;在风险可控的前提下,鼓励保险公司探索将售后服务与保险公司合作机构的业务流程有效整合,使合作机构承担一定的管理工作,简化索赔程序,加快赔付进度;鼓励保险公司探索通过各种公益组织机构、个人,或者农民所属团体机构,为农民购买小额保险提供保费资助,培育农民的保险意识,迅速扩大小额保险的覆盖面。

对于开展试点的保险公司,保监会予以放宽销售渠道和销售资格、减免监管费用、鼓励技术创新、放开预定利率和鼓励供给主体组织形式创新的政策支持(保监会2008年47号文件)。

试点方案发布以后,中国人寿、太平洋人寿、泰康人寿和新华人寿四家保险公司成为首批试点企业,在中国中西部共计9个省区开展小额保险试点工作。至2009年,试点范围扩大到19个省区,试点公司新增了平安养老和中邮人寿,共计6家保险公司经营小额保险产品。2011年年底,仅小额人身保险一项,其覆盖人数就已达2400万人。2012年,小额人身保险进一步发展,覆盖人口达到约3200万。① 中国人寿保险公司是该市场的主导力量,2011年公司市场份额高达90%,保费规模10.6亿元,已覆盖1996万人。

经过四年的试点积累,2012年7月保监会发布《全面推广小额人身保险方案》(以下简称"方案")。方案中将小额人身保险定义为一

---

① 《保监会全面推广小额人身保险》,《中国保险报》,2012年7月20日。

类面向低收入群体提供的人身保险产品的总称,具有保费低廉、保障适度、保单通俗、核保理赔简单等特点,并明确这一产品应服务于城乡低收入群体。

在产品类型方面,小额人身保险产品类型限于普通型定期寿险、意外伤害保险以及疾病保险和医疗保险。保险金额在试点方案的基础上有所上调,规定为1万元至10万元之间。其中,定期寿险和健康保险(与新型农村合作医疗结合的补充医疗保险除外)的保险金额应在1万元到5万元之间。小额人身保险产品的保险期间不得低于1年,不得高于5年。其中,团体保险的保险期间应为1年。

在支持政策方面,方案进一步明确发展小额保险的创新方向,即"支持保险公司与银行、电信运营商合作,借助银行自动柜员机和移动通信设备,开展新型便捷的小额人身保险投保和保全服务;鼓励和支持保险公司借助移动终端开展小额人身保险销售,提供随时随地移动出单、打印交费凭证等服务,严格控制出单和收费过程中的道德风险"(保监会2012年53号文件)。

经过数年发展,小额保险已初具规模,也呈现出不同的发展模式。政府、保险提供方以及需求方都能从这一市场的发展中受益。结合具体国情发展小额保险,具有其必要性和重要性,主要体现在它有利于完善农村社会保障体系,有利于构建多层次普惠金融体系,有利于深化商业保险的社会管理职能,有利于帮助低收入居民应对风险,有利于保险公司拓展市场,有利于探索微观金融扶贫(李杰,2015)。

二、我国小额保险的发展模式

自保监会2008年出台试点方案后,各地根据其部署进行产品开发和推广,在这一过程中,许多地区因地制宜,探索多种销售渠道和模式。根据保险提供主体的不同,可大致分为商业化运作模式、半商业化运作模式和多主体合作模式这三大类。以下我们简要梳理一下这三大类运作模式之下我国较为典型的小额保险的具体销售模式。

(一) 商业化运作模式

商业化运作模式是指保险公司作为经营主体,按照商业化模式进行产品开发、定价、销售,并提供相应的保险服务。

1. 中邮人寿模式

这种模式是中邮人寿独有的模式,借助中国邮政现有的遍布乡镇农村的网点推广小额保险产品。截至2015年年底,中国邮政设有邮政支局所5.4万处,其中73.4%分布在农村。[①] 以浙江为例,全省共有1562个邮政储蓄服务网点,其中80%在县一级或以下,只要派出合适的销售人员,通过这些网点,中邮人寿就能够迅速接触到大量潜在的小额保险客户(The Centre for Financial Regulation & Inclusion, 2013)。此外,中邮人寿在这些网点提供"一站式"保险服务,网点承包了签发新保单、收集投保信息、受理理赔等多项保险服务。最后,邮政品牌在农民心中有较强的影响力,品牌效应有助于向农民宣传推广小额保险。中邮人寿模式的多重优势使得该模式在小额保险推广中存在巨大的潜力。

2. 个人销售模式

这种模式是指小额保险通过个人进行销售,由个人向村民宣传讲解保险知识和保险产品,并发展一对一签单。销售人员一般是在村落中威望和信誉较高的个人,比如村干部、村医、水电工等。这种模

---

① http://www.chinapost.com.cn/html1/report/16086/2441-1.htm

式的优势在于销售人员对村落和村民比较了解,能够向保险公司提供更多的信息,使保险公司的保费厘定更合理,降低信息不对称带来的风险。但是在实际中难以寻找合适的销售人员,且此模式下,每一单的销售时间和成本比较高,不利于小额保险的快速推广。

3. 小型团单模式

这种模式下村民以团体为单位购买小额保险产品,保费往往由村中富裕且热心公益事业的个人全额承担或者进行一定的补贴。这样的保单一般慈善色彩浓厚,具有一定的社会影响力,具有示范效应,居民也乐于接受。但其缺点也比较明显,那就是这种慈善模式难以复制推广,保单存续受单个出资者的影响很大。而且对村民来说,投保虽然免费,但险种选择的自由度小,保险需求和实际保障难以匹配。

(二)半商业化运作模式

半商业化运作模式是指保险公司与政府合作,借力发展小额保险。其中,政府的作用可以是组织、动员低收入群体投保,提供一定的渠道便利,也可以是出于实现社会管理的需要而直接或间接提供一定的保费补贴。

1. 全村统保模式

全村统保模式是一种典型的半商业化运作模式。2009年1月,中国人寿晋中分公司首次向山西省运城市夏县祁家河乡销售了一份全村统保保单。保单的特点是向全体村民提供保障,实现了"一张保单保全村、保全组、保全家",因为该模式首先在山西推广,所以又被称为"山西模式"。在山西出售的第一份全村统保保单保障了全村共1332位村民,人均年保费20元,保险金额达到10000元。而到2010年年底,中国人寿将这种模式扩展到3个县、31个镇,共计1326个村庄，为78万农民提供了保障（The Centre for Financial Regulation & Inclusion，2013）。

典型的全村统保模式是指保险公司先将小额保险产品介绍给村委会等基层政府组织，并借助基层组织向村民宣传推广小额保险产品。同时，保险公司的销售人员与村代表进行协商沟通，如果调研中全村大部分人都能够接受这款保险产品，那么就以村庄为整体投保，将符合投保条件的村民全部纳入保障范畴。这就是以村落作为一个保险团体，通过一张保单提供相同的保障。保险公司可以针对不同地区、不同风险水平的村落收取差异化的保费。全村统保模式在多个省区得以成功复制，在推广过程中一些地区因地制宜，在一些具体筹资方法上进行创新。比如，村办企业或村财政为村民全额支付保费，或者由政府、保险公司和村民按比例负担保费等（吴海波，2010）。

相比其他销售方式，全村统保的优势在于利用村委会或农村基层组织作为渠道，减少了建立网点的必要，降低了宣传、销售、管理的成本，提高了承保效率，节约的成本可以用来降低保费或者提高保障标准。另外，被保险人以村落为单位投保，扩展快、便于复制，短时间内就能以较低的成本大面积地推广小额保险。保险公司以村落为单位进行风险管理，大大降低了逆向选择。

但是这种模式的问题也很明显。一方面，全村统保模式需要取得村委会或者村干部的支持，在沟通过程中可能耗费大量的人力、物力成本。另一方面，一份保单的存续与村委会或村干部产生密切联系。乡村领导换届时，保单很有可能就此中断。保险公司需要重新与新的领导班子沟通。此外，通过基层政府部门向村民介绍保险产品，可能导致村民对保险的理解不够，保险公司与村民沟通不畅，理赔不利甚至出现反悔退保等情况。而且一件争议事件发生，可能导致村民间的联动效应,从而使保险公司失去整个村落的客户。近期中国人寿关于山西省小额保险的报告表明,全村统保模式的可持续性不强。2011年起农村小额保险保费增长率降低,到2012年增长率为负。报告指出,负增长可能是由于保费过高,小额保险产品组合的种类较少,而村落对保费的补贴又不稳定,不稳定的保费预期影响了保单的持续性(The Centre for Financial Regulation & Inclusion,2013)。

2. 联动合作模式

这种模式的主要特点是与政府的惠农政策结合,以服务于民的方式推广小额保险产品。自2008年试点以来,中国人寿在湖北、广西的农村地区对该模式进行了比较成功的推广。以湖北当阳为代表,当地利用新农合平台,将小额保险作为新农合的补充,运营得比较成熟。2008年年底,太平洋人寿在湖北黄梅试点推行的"新农合＋大病医疗＋小额人身保险"产品,受到了村民的欢迎,被称为"黄梅模式"(粟榆等,2010)。

联动合作模式下保险公司与基层政府机构合作,将小额保险产品定位于新型农村合作医疗的补充险种,借助于现有的新型农村合作医疗的服务网络,例如村委会、村卫生所、合作社等新农合的经办或代理机构,推广并销售农村小额保险,直接利用了现有的网点机构和工作人员,产品形式多为医疗保险或者意外伤害保险。

这种模式的主要优点是利用了新农合良好的产品影响力,使得保险产品的宣传更易于被农村居民接受,便于小额保险的推广。同时,利用了新农合的机构和人员,降低销售和渠道成本,使得产品能够在短期内大范围推广。但实践表明,由于和新农合捆绑,保险公司的业务处理量非常大,对业务管理的要求高,短期内的迅速扩张可能为将来留下纠纷隐患。以湖北当阳为例,中国人寿通过联动合作模式在

2008年年末的3个月内将参保人数拓展到15.7万,短期内积聚的大量业务使得工作人员花费了3个月的时间才完成系统业务处理(吴海波,2010)。此外,小额保险本质是商业保险,投保基于自愿原则,但是由于和新农合进行捆绑,可能让投保的村民产生强制投保的误解,或者对"额外收费"的保险产生抵触心理,为纠纷留下隐患。保险公司需支付渠道费用,这样村委会、合作社等渠道机构有动机高压劝导村民投保,也加剧了销售误导的隐患。

3. 农民工小额保险

大部分小额保险直接在农村试点,忽略了进入城镇务工的农民工群体的保险需求。2015年,中国农民工总量达到27 747万人,这个庞大的群体也是小额保险的目标客户。人保财险率先在2009年试点专门针对农民工的小额保险产品,试点从重庆和广东的10个城镇开始,到2010年扩展到30个城镇,保障了105万农民工,年保费收入达到1 337万元。小额保险的试点成功离不开政府的大力支持,政府补贴在年总保费中的占比超过40%。在湖北试点中,总保费的98%都依靠政府补贴。2011年,人保财险农民工小额保险的保费收入达到1 151万元,而2012年前6个月保费收入迅速上涨到3 256万元。针对农民工的工作性质和保费承受能力,农民工小额保险一般的保障范围包括住院费用、门诊费用、死亡和残疾给付,保费根据保险金额从5元到100元不等(The Centre for Financial Regulation & Inclusion,2013)。

2012年7月,中国保监会通过方案,将小额保险服务人群由农村居民扩大到城镇享受最低生活保障的低收入群体、优抚对象以及无城镇户籍的进城务工人员。中国人寿2012年11月在江苏省南通市签单对城镇优抚对象的小额保险,2013年5月在北京市房山区开展对低保人群的小额保险,此后又在浙江省温州市平阳县开展为进城务工人员提供的小额保险服务。

4. 旺苍模式

2011年,国务院扶贫办、中国人寿和四川省旺苍县人民政府在旺苍合作推广了小额扶贫团体借款人意外险,在国内首创了小额保险与村级互助扶贫基金相结合的新型扶贫模式,故这一模式被称为"旺苍模式"。在本书第二章的第三节中,我们以旺苍模式为例进行了案例研究,故此处对这一模式的细节不再赘述。

旺苍模式的最大特点是将扶贫保险与贫困村资金互助社相结合,在有互助社的村落,保单的第一受益人为互助社,顺位受益人由被保险人指定,互助社的参保社员及家庭成员缴纳保费享受县政府的部分保费补贴;无互助社的村落,保单受益人由被保险人指定,参保人员无保费补贴。保单采取团单形式,以村为承保单位,全村签发一张保单。

旺苍模式的成功推广与保险公司和地方政府、扶贫办在项目上形成的深度合作密切相关。政府不仅为保险公司提供信誉背书,而且密切参与了保险产品的宣传和销售过程。一方面,基层村社干部分担了收取保费、培训宣传、通知理赔等大量基础工作,降低了保险公司的人力成本;另一方面,各村镇的小额扶贫险投保率成为各级政府干部年度工作考察的项目之一,政府有动力从上到下助推扶贫保险的销售和普及,村干部积极动员村民投保小额扶贫险。旺苍模式的成功发展,使农民安心贷款,降低了反贫概率,维护了社会稳定,增强了农民对政府和保险公司的信心。但是小额扶贫险在继续发展的过程中也遇到一些问题,比如险种单一、保险公司利润分配不合理、政府角色转变等。

(三) 多主体合作运作模式

多主体合作运作模式是指保险公司和代理机构（如其他金融机构）等进行合作，共同提供小额保险产品。代理机构可以为小额保险产品提供客户渠道，或者承担一定的风险分担功能。

1. 信贷保险"1+1"模式

信贷保险"1+1"模式是一种与小额贷款相结合的销售模式。保险公司通过农村金融机构推广信用人寿小额保险产品，目前这一模式使用得比较广泛。这种模式下的保单，第一受益人一般是信贷提供方，第二受益人才是贷款人的家人（The Centre for Financial Regulation & Inclusion, 2013）。在此条款下，若贷款人发生意外导致身故或者伤残，信贷提供方可以获取保险赔偿弥补未偿贷款损失，因此一些风险稍高的人能在小额信贷保险的帮助下顺利获得贷款，提高资金融通的能力。而对信贷提供方来说，小额信贷保险能够帮助它降低呆账、坏账风险，增加信贷交易量。在销售方面，保险公司直接通过农村金融机构，比如农业银行、农村信用合作社，在发放贷款的同时销售小额信贷产品，这样也能减少网点建立的需求，并降低销售成本。

自 2008 年试点以来，与信贷结合的小额信用人寿保险产品成为小额保险市场上的主力。太平洋保险的数据表明，2010 年其在小额保险市场中收入的总保费达到 2.2 亿元，而其中 2.19 亿元来自一款与信贷相关的小额保险——安贷宝。而中国人寿的数据表明，2011 年公司推出的三款小额保险产品——农村小额意外保险、农村小额团体意外和小额信贷借款人意外险所收取的保费总共占公司小额保险市场保费份额的 84%。其中，小额信贷借款人意外险的保费收入份额从 2008 年的 16.23% 增加到 2011 年的 63.43%，成为公司小额保险市场中最主要的产品。截至 2012 年 8 月底,小额信贷借款人意外险的保费收入有所下降,但仍然占小额保险保费收入的 54.2%(The Centre for Financial Regulation & Inclusion,2013)。

信贷保险"1+1"模式的主要优点首先是与信贷机构合作,帮助信贷机构转移风险,实现小额保险与其他金融服务的促进和补充。其次是借助信贷机构的销售渠道,扩大覆盖面,降低销售和管理成本,且目标客户群体的重合度高,贴近实际需求。但是,在实际操作中该模式也存在一些弊端,一是因为农村金融系统的信息化水平低,金融机构本身的内部控制相对较弱,资金安全风险大,而存在小额信贷保险可能使得金融机构放松对风险的管控,最终由保险公司承担损失。由于签单权掌握在信贷机构的手中,极端情况下如果保险公司交接监管不力,就可能出现"倒签单"现象,即先出险,再买保险,大大增加了保险公司的风险。二是保险公司需要支付给信贷机构一定的代理费用和佣金,这使得利润原本就有限的小额保险利润更加微薄甚至赔本。三是农村依然存在大量非正式贷款的情况,通过农村金融机构接触到的贷款人有限,仍有潜在的信贷保险市场未被发掘。

2. "政府+银行+保险"合作模式

"政府+银行+保险"(以下简称"政银保")合作模式的特点是由政府财政提供担保基金,银行提供贷款,保险公司提供小额贷款保证保险,三方共担风险(杨仕晋,2013)。在该模式下,贷款人需要分别向保险公司和银行都提出贷款申请,保险公司和银行会分别对贷款人的资产、信用、业务等方面进行审查,审查结果报给政府核准后,银行发放贷款,并由保险公司提供贷款保证保险。当贷款人出现违约后,按照事先的约定,由政府、银行、保险公司三方分担损失。

"政银保"合作模式于 2009 年 7 月在广东省佛山市三水区推出,

由三水农信社、三水区政府、人保财险三水支公司首先合作尝试。政府财政提供担保基金,银行发放贷款,保险公司提供保证保险作为保障,三方共同分担农业贷款的成本和风险,达成了农村金融机构的多元合作。具体地,三水区政府出资 1 000 万元成立"政银保"合作农业贷款担保基金,若担保基金因为承担贷款损失而减少,政府需要每年出资补足。以前农信社农业贷款的利率一般为基准利率上浮 30%,而在"政银保"模式下,农信社按照基准利率向审批通过的贷款人发放贷款,贷款期限在一定程度上具有灵活性。保险公司收取贷款金额的 2% 作为保费,贷款人自己负担 50% 的保费,其余 50% 由农业贷款担保基金补助。贷款人发生违约导致贷款损失时,银行承担 20% 的免赔额损失和贷款利息损失,保险公司在年度赔付总额内承担其余损失,若贷款损失超过年度赔付总额,超出部分的 20% 由银行资金承担,另 80% 由农业贷款担保基金承担。自 2009 年"政银保"模式推行以来,发放贷款量逐年上涨,到 2013 年 6 月末,农村小额信贷余额 9 514 万元,累计发放贷款 3.17 亿元,受惠农户约 1 000 户,运行模式日渐成熟。2015 年 6 月,"政银保"模式又在湖北天门试行,中国财保天门支公司、中华联合保险天门分公司和天门农商行、邮政银行天门支行合作,销售小额贷款保证保险。

"政银保"模式下,政府、银行和保险公司共同分担贷款人的违约风险。对保险公司而言,有政府补贴保费、担保基金兜底,有政策做导向,运营成本和风险大大降低。这一产品活跃了农村金融市场,满足了农户和企业的资金需求。对贷款人而言,只需支付部分保费,且贷款利率降低。但该模式也存在一些显而易见的缺点,一方面,贷款审核复杂、手续烦琐。以佛山市三水区为例,一笔贷款审核需准备 6 种资料,并经过 5 个程序,基层信用社、镇农办、区"政银保"办公室、信用联社审批中心等机构重重审核。虽然规定贷款审核期限为13天，但往往很难完成，农户需等待多时才能拿到贷款，而农业生产有季节性、及时性，农户如果不能在最佳时间拿到贷款，生产效率就会大大降低。另一方面，农户的生产规模小，规避风险的能力弱，农村的信用制度也不完善，导致贷款不良率呈上升趋势，且政府、保险公司重重作保，使得部分农户的道德风险增加，影响小额贷款保险的持续发展。

总结我国小额保险的发展模式，其中运营成熟、推广较快的模式总体而言具有以下两个特点：一是善于开发运用现有机构渠道进行销售，比如联动合作模式借助新农合机构；信贷保险"1＋1"模式借助农村金融机构；中邮人寿模式通过现有邮政网点迅速铺开业务，并大量节约了网点建设成本。这一类方式以现存网点为依托迅速扩张，能够更有针对性地接触到目标客户，但其主要问题在于代理机构要求的佣金水平通常较高，且由于不同机构的目标不一致，可能产生委托代理问题。二是通常以团体为单位进行投保，例如全村统保模式和小型团单模式都是以村落为投保单位。这一类方式的优点是团体投保能够减少逆向选择，降低风险，并大大降低销售成本，使小额保险以村落为单位迅速推广，而其缺点是投保基于村干部或者村中出资的个人，可能与农民的保障需求有距离，且保单的持续性不强。除此之外，政府的政策导向和资金支持在小额保险发展中起着重要作用，究其原因，在于我国的小额保险还处于探索发展阶段，保监会的指导意见提出小额保险应以"保本微利"为原则，保险公司的利润空间较小，主动推广的动力不足。

第二节　小额保险的监管框架

一、小额保险监管的核心原则

（一）G20 创新普惠金融原则

2010 年 6 月，在多伦多举行的二十国集团（G20）峰会上，各国领导人一致签署通过了《G20 创新普惠金融原则》（The Principles for Innovative Financial Inclusion）。这一原则的通过显示了全球领袖改善政策和监管环境，鼓励金融创新，扩展金融服务，使其惠及 20 亿中低收入弱势群体的共同信念。在 2016 年杭州召开的 G20 峰会上，普惠金融也是重要议题之一，会议讨论了包括《G20 数字普惠金融高级原则》《G20 普惠金融指标体系》升级版，以及《G20 中小企业融资行动计划落实框架》在内的三份相关指引性文件，以进一步落实和推进普惠金融体系的建设。① 显然，小额保险是普惠金融体系中的重要一环，是金融减贫的重要手段，因此，在这一领域的创新也应符合原则中所提出的宗旨。我们简要概括《G20 创新普惠金融原则》中提出的如下九大原则（IAIS，2012）：

（1）鼓励各国加强领导，通过普惠金融实现减贫目标；

（2）通过政策设计鼓励多样化的主体竞争，并通过市场手段提供包括储蓄、贷款、转移支付、保险产品在内的具有可持续性的各类金融服务；

---

① 凤凰财经，"普惠金融列为 G20 重要议题"，http://finance.ifeng.com/a/20160827/14818110_0.shtml。

（3）促进技术和机构创新，加强基础设施建设，以提高金融服务系统的可及性和普及度；

（4）建立全方位的消费者权益保护机制；

（5）提高金融知识普及度，以促进市场需求；

（6）鼓励加强政府内各部门，以及政府与业界及其他利益相关者的沟通与合作；

（7）通过数据分析制定合理政策，鼓励推行渐进式改革，以便给予监管者和金融服务提供方改进空间；

（8）推行差别监管，使具体政策和监管框架与创新产品所对应的风险相符；

（9）考虑国际标准和具体国情，构建金融"一揽子"框架。

关于普惠金融的九大原则也适用于小额保险，是指导小额保险发展的有力工具。

（二）保险核心原则及其对小额保险的适用性

具体到保险监管标准，国际保险监督官协会（International Association of Insurance Supervisors，IAIS）颁布了一系列的保险核心原则（Insurance Core Principles，ICPs）。ICPs是被全球普遍接受的保险行业监管统一框架，它有助于提供统一标准，提高监管效率，以便建立公平、安全、稳定的保险市场，它也是实现全球金融体系稳定性的重要工具之一。随着社会的变化、技术的更迭和全球经济的发展，保险行业和产品也随之发生深刻变化，为适应行业监管的需要，IAIS在2015年年底更新了《保险核心原则》，并公布了最新的26条ICPs。

结合《G20创新普惠金融原则》的指导，IAIS发布了《支持普惠保险市场监督管理指导意见》（Application paper on Regulation and Supervision supporting Inclusive Insurance Markets，以下简称"意见"）。

在这一纲领性文件中,IAIS 逐条解释了 ICPs 对小额保险市场监管的适用性,其核心的 12 条意见简要概括如下(IAIS,2012):

(1) ICPs 对于包括小额保险市场在内的整体保险市场监管具有普适性,普惠型保险产品和服务也必须接受保险监管;所有保险公司必须在获得运营牌照的前提下进行经营活动。

(2) 在监管时虽然需要考虑并兼顾小额保险提供主体的性质、规模、复杂性及其风险集合,但小额保险提供方必须符合一定的绝对最低资质下限(absolute minimum requirement)。资质无法达到这一下限要求的主体不得提供保险产品,但被允许协助提供其他服务。

(3) 小额保险的提供方不应同时经营其他业务或者提供其他金融服务。如果小型主体同时提供多种业务,监管部门应要求其进行业务分割,由独立的法律实体承担保险业务。

(4) 小额保险试点项目应至少在监管部门注册备案,或是获得正式牌照才可经营,监管部门须保护保单持有人在项目试点期间及结束后的合法权益。

(5) 如果市场中原本存在非正式形态的小额保险主体,监管机构应促使这一类机构通过清晰、透明的流程实现转制,成为正式普惠保险机构,并应在转制规则设计中注意防范非正式主体转制前的风险爆发。

(6) 无论监管部门使用产品特性或机构特性作为定义小额保险的方式,都应注意规避监管套利行为。如果以小额保险产品作为界定方式给予特殊监管,保证所有保险公司都可提供小额保险产品将有助于减少监管套利;而如果以一类特殊机构为主体,允许其提供小额保险产品并享有特殊监管标准,则应确保产品严格符合小额保险的限定标准。

（7）监管应具有一定的灵活性，以适应小额保险在提供主体、营销渠道、服务方式、技术使用方面的创新。小额保险的提供主体、承销主体都具有多样性，监管部门需在牌照资格、监管方式上予以区别对待，并明确市场准入资格、日常监管要求和退出机制。

（8）小额保险提供主体的多样性要求监管机构与其他机构积极协调配合。

（9）对于小额保险市场的特殊监管不应体现在其具有监管"豁免权"上，而应根据小额保险提供主体的性质、规模、复杂性及其风险集合进行区别对待，从而实现监管目标。其中，尤其强调对于保单持有人利益的保护不应随着监管标准的放松而有所懈怠。

（10）在监管机构根据小额保险提供主体的性质、规模、复杂性及其风险集合进行区别对待时，应特别注意防范由监管引致小额保险提供主体故步自封这一倾向。一个制定合理的监管框架应鼓励引导小额保险提供主体发展壮大，提供更加复杂的保险产品，并逐步脱离监管提供的保护伞。

（11）在制定法律和监管标准时，除非定量标准具有不可替代的作用，否则应尽量使用定性标准进行定义。

（12）在发展普惠保险市场的过程中，监管机构应引领市场发展，并积极承担责任。

二、各国小额保险监管的典型模式

G20提出的普惠金融体系及其创新原则，以及IAIS提出的围绕ICPs针对小额保险适用性的一系列指导意见都可视为在国际上被统一接受的一类监管标准和建议，但出于小额保险在提供主体、产品定义、组织形式、技术创新方面的多样性，以及各国在经济发展、基础设施建设、社会保障、救助体系、宗教信仰等多方面存在的巨大差异,创新原则也特别指出各国应结合国际标准与自身国情,制定符合自身市场条件和发展阶段的监管框架。

在这一背景下,各国(地区)也纷纷探索适应于自身的监管,包括印度、巴西、墨西哥、秘鲁、菲律宾、中国台湾、塞内加尔和马里在内的国家和地区已经建立了专门针对小额保险的独立法规,而包括巴基斯坦以及非洲地区性保险联合体(Conférence Interafricaine des Marchés d'Assurances, CIMA)在内的一些国家和组织也在积极研究并准备推出与小额保险监管相关的政策框架。

印度是在小额保险监管方面表现得较为积极和激进的一个典型国家。印度保险监督及发展局(IRDA)在2000年颁布条例规定所有保险公司都有服务农村居民以及低收入居民的义务,并要求所有保险公司必须满足小额保险的最低销量要求,这样才能获得经营资格。规定要求财险公司在农村地区保单销售的比例在2003年必须达到5%,寿险公司在农村地区的保单销售比例在2005年至少达到16%(杜庆鑫,2009)。这一强制性要求是印度小额保险监管的特色,有力地推动了小额保险业务的长足发展。与此同时,外资保险公司进入印度市场也需要满足小额保险销售比例指标。具体而言,外资公司进入后第一年在农村地区销售保单比例不得低于7%,之后这一保单比例要求逐年上升,至第五年外资公司需满足至少14%的比例要求。这促使保险公司有针对性地设计新型保单,并积极推广给农村居民。但这一过程中也出现了为满足保单份数的要求而向同一居民重复推销保单的现象。某种程度上,这一情形类同于产业寿险晚期所出现的乱象,即销售人员为了满足业务要求,将保额拆解为多份小额保单销售,增加了被保险人的成本。这也是由单一的监管指标而引致的市场扭曲和效率损失。

菲律宾是小额保险发展极为发达的一个典型国家,菲律宾的小额保险已覆盖了约28%的人口,主要为自雇和失业人口提供保障(Microinsurance Center,2014)。该国针对小额保险的监管措施比较完善,也设置了独立法规。2010年,菲律宾推出了国家小额保险战略和监管框架,为私人部门提供小额保险产品提供制度和监管支持,其中特别提出允许设立互助协会(Mutual Benefit Association,MBA),促进小额保险主体的多元化发展,并促使此前存在的非正式形态的保险主体转制纳入监管范围。在菲律宾,MBA是保险产品推广到低收入群体的主要方式之一。这类协会由成员所有,并由成员管理,通过定期缴纳会费的形式,会员可以在疾病或身故时获得赔偿。在监管框架中,小额保险MBA可以享有优惠待遇,并受独立法规的监管。2011年,针对小额保险的简称为SEGURO的监管标准正式推出,它明确了小额保险机构在偿付能力(solvency/stability)、运行效率(efficiency)、治理结构(governance)、产品理解(understanding of the product)、风险资本金(risk-based capital)以及服务范围(outreach)这六个方面的核心指标(Chatterjee,2012)。此外,在国家小额保险发展战略中明确了政府向民众普及保险知识教育的职责,进一步地,2011年菲律宾政府颁布了《小额保险金融教育路径规划》以细化金融教育普及的目标、责任和步骤。2012年,监管部门又签署了《小额保险争议协调框架》,明确要求小额保险主体及相关代理人必须遵照LAPET系列原则,即以成本最小化(least cost)、易理解(accessible)、可操作(practical)、有效(effective)、及时(timely)为原则设计小额保险的争议调解机制(Portula和Vergara,2013)。

中国台湾地区的金融监督管理委员会于2009年通过了《微型保

险计划管理法规草案》,这是比较少有的在发达地区推出的小额保险的专项监管法案。台湾地区以收入标准、职业及身份等要件综合定义微型保险的目标人群,它不仅承保低收入群体,还承保包括原住民、渔民、农民、身心障碍者在内的弱势群体,为其提供传统寿险和人身伤害险产品。台湾地区微型保险的特点在于以保险公司为主体提供商业保险,政府或其他机构不提供保费补贴。在监管服务方面,通过金融监管管理委员会保险局,以及保险商业同业公会网站设置微型保险专区,进行信息公示和产品介绍,很大程度上提高了微型保险的信息普及程度(郑晓玲、朱栩,2015)。

三、针对我国小额保险监管的建议

小额保险是为低收入群体提供保障的一类产品,其提供主体的偿付能力更需要合理监管,以保护被保险人的合法权益。此外,正如我们在第三章中详述的,小额保险市场中的逆向选择和道德风险都更加严重,传统保险产品中的一些机制设计也并不完全适用,因此监管角色在这一市场中不可或缺。

我国目前还没有制定针对小额保险监管的正式法规。相关监管限于2012年7月保监会发布的方案中的规定。方案中将小额保险主要定位为金融扶贫的工具,将提供主体限定为商业保险公司,并要求小额保险业务线保本微利。这一定位强调了小额保险的政策性和公益性,却忽视了小额保险的商业性和盈利性,因此造成提供主体单一、产品比较单一、创新动力不足、公司积极性不足的现状。为了促进小额保险的可持续发展,释放创新潜力,可以考虑从以下方面改进现有监管框架,以适应小额保险的特殊要求。

首先,允许包括互助合作组织、小额金融组织、非营利组织在内的多样化主体为成员提供小额保险,并对不同类型的提供主体进行分类监管。根据组织的性质、产品类型、风险程度,在经营牌照、资质和偿付能力方面细化监管标准,使其贴近产品对应的实际风险水平。对于不同类型的组织,应考虑使用风险水平调整后的资本金水平作为考核偿付能力的依据,并完善小额保险主体的准入、退出机制。

其次,加大对小额保险经营主体的税收优惠,以逐步替代对于项目的直接保费补贴。对于具有资质的主体提供营业税、所得税等各项税收减免,并在预定费率上给予特别考虑,以配套政策调动经营主体的积极性,逐步减少政府为小额保险保费直接买单的补贴行为。直接补贴虽然有利于产品的初期推广,但却不利于项目的可持续发展。

再次,应明确对小额保险提供方的再保险要求。协助包括小额保险互助组织、非营利组织在内的多样化经营主体获得相应的再保险安排,以降低保险池的风险水平,合理分散总体风险。

最后,鼓励小额保险经营主体建立低成本的销售渠道,并发展创新性的合作伙伴关系。与邮局、农信社、农业协会、种子站等各类深入目标人群的机构合作,宣传或代理销售小额保险产品,以大幅降低运营成本。

第三节 我国发展小额保险的政策建议

一、我国小额保险发展中存在的主要问题

目前,我国的小额保险市场在承保规模上有了长足的进步,但也暴露出一些问题:

第一,提供主体比较单一,缺乏市场竞争和创新模式。目前,中国人寿一家公司的市场占有率仍占有相当的优势。虽然泰康、太平洋保险公司等一些企业陆续进入这一市场,但在售产品的种类依旧较少,营业网点不能深入贫困地区,开发和销售的积极性不足。对于保险公司"保本微利"的指导性要求也使得商业保险公司缺乏动力开发产品和拓展渠道。针对这一现状,应扶持、鼓励多主体参与小额保险市场。对比国际市场,我国小额保险市场仍未充分调动起各方的积极性,发展创新型的营销渠道和产品模式。例如,国际上较为普遍的能够调动低收入群体、社区以及非政府机构、技术供应商等各方力量的"底层模式""社区模式"在我国仍鲜有所闻。目前,国内在售的主体产品仍以团体意外险、重疾险、定期寿险为主,无法满足低收入群体多元化的保险需求,销售模式也比较单一。应从政策、监管角度进一步扶持各类小额保险项目,发动包括商业保险公司、再保险公司、非政府组织、社区组织以及低收入群体的生产合作组织在内的不同主体,积极探索新模式,开发针对低收入群体需求的小额保险产品。

第二,小额保险的相关法律存在空白,消费者教育不到位,目标人群的保险意识和保险知识亟待加强。一方面,我国针对小额保险监管的法律法规还不健全,法律环境和政策环境都不够稳定,配套扶持政策也较为薄弱和零散,导致小额保险在经营主体和营销模式上的创新进展得较为缓慢。另一方面,相比一般人群,小额保险目标人群的保险意识和相关知识更加薄弱,对于保险公司的信任度,以及对保险产品的理解程度有限。消费者教育的缺失也导致小额保险需求不足,市场发展存在瓶颈。

第三,小额保险相关统计数据严重缺失。出于成本节省方面的考虑,中国人寿等各公司对于小额保险产品只统计承保人数和保费收入两项指标,在成本核算方面也与其他产品线不进行区分。因而,很难掌握小额保险的具体盈亏情况,也很难进行科学严谨的研究分析。保监会掌握的小额保险数据也极为有限。

二、我国发展小额保险的政策建议

小额保险的保额虽小,却事关大体。这是一个潜力巨大、亟待开发的市场,通过创新方式拓展到低收入群体,为其提供合理、有效的保障,小额保险大有可为。

针对我国小额保险市场发展的问题,相应的政策建议包括:

第一,政府应明确小额保险的定位,并制定完善的法律法规。归根到底,小额保险的发展要归结于如何平衡与协调三对关系,即政府与市场的关系、强制与自愿的关系、社会效益与经济效益的关系。政府直接提供保费补贴在短期内可以提高参保率,但在长期反而会影响参保人的预期,并造成项目的非效率和不可持续。相比之下,政府可以通过积极的制度协调促进小额保险的发展,比如应给予小额保险以充足的税收优惠,应考虑在制度上协调小额保险与新农合、新农保等社会保险的衔接,在销售渠道上帮助小额商业保险进一步降低成本等。而保险公司也应提高效率,通过服务的提升和市场的机制引导,吸引自愿投保,将初步实现的社会效益转化为经济效益,实现真正的可持续发展、可推广的"政府引导、商业运作"的模式,从而实现政府与市场、经济效益与社会效益的共赢。

第二,政府应大力扶持、鼓励多主体参与小额保险市场。相比单纯由保险公司销售小额保险产品,社区模式的小额保险机构能够充分利用信息优势,有效地降低销售成本、防范道德风险和逆向选择,并容易获得目标人群的信任。此外,非营利组织的目标也与小额保险具有天然的契合度。我国目前的市场主体限于保险公司,不利于调动各方的积极性,发展创新型的营销渠道和产品模式。应从政策、监管角度扶持各类小额保险项目,发动包括商业保险公司、再保险公司、非政府组织、社区组织以及低收入群体的生产合作组织在内的不同主体,积极探索新模式,开发针对低收入群体需求的小额保险产品。在确立以保险公司为主体的商业化运作模式主导地位的基础上,进一步推动政府支持的半商业模式的发展,以发展多主体合作模式为补充,并鼓励非政府组织提供小额保险(李杰,2015)。针对不同类型的提供主体,可以制定相应的准入条件、销售资质、根据风险调整的资本金要求,以及再保险安排。

第三,政府应完善基础设施建设,为小额保险在产品、渠道和技术方面的创新提供便利和政策支持。创新是小额保险产品的生存之道,政府可以通过完善基础设施建设为小额保险的发展提供条件。例如,继续完善基层医疗网络有利于小额健康险的开展,而进一步加强信息技术建设可使得推广智能手机收取保费、进行赔付成为可能。

第四,政府应适当放开对保险公司经营小额保险业务只能保本微利的要求。这一要求在很大程度上限制了保险公司参与小额保险业务的积极性,不利于保险公司创新产品、拓展渠道、降低费率。尤其在目前市场主体单一的条件下,这极大地限制了小额保险的发展。从国际经验来看,拉美地区的小额保险发展较快就是得益于将其与着眼于中等收入群体的大众保险结合起来,提高了产品的盈利性,从而充分调动了保险公司开拓市场的主动性。从小额金融的国际经验来看,低收入群体业务获得较高比例的回报也具有其合理性和可行性。

第五,政府应大力宣传、普及小额保险的概念,并加强保险教育的普及。鼓励媒体、学界、业界通过各种渠道向低收入群体准确地宣传小额保险的概念,跨过小额保险发展的第一道难关。加纳、巴西和印度等国都举办过大规模的保险教育普及活动,以配合本国小额保险的宣传和市场的发展。

第六,政府应鼓励小额保险的承保方细致化数据管理,结合学术科研机构的力量评估并提高项目效率。国际经验表明,小额保险属于一类新型产品,是企业创新最好的"试验田"。结合研究机构的力量对小额保险项目的发展"精耕细作",进行深度数据分析,可以更好地总结经验和教训,有助于拓展有中国特色的小额保险之路。

后　　记

这本书是我这些年对小额保险领域研究的一个总结,完成它也是我的一个夙愿。很高兴经过多年的踌躇准备(当然也免不了反复拖延),终于到了写后记的这一刻,为这段时光写下注脚。

2001年,我进入北京大学经济学院读本科的时候选择的是经济学专业。懵懵懂懂地觉得"经世济民"这个想法颇令人振奋。在本科期间,我选修了风险管理与保险学系郑伟老师的保险学原理课,犹记得课上朗读《礼记·礼运篇》那段"大道之行也,天下为公……故人不独亲其亲,不独子其子,使老有所终,壮有所用,幼有所长,矜寡孤独废疾者皆有所养"时感受到的震撼,好像终于找到了我理想中那条连接客观理性的经济学理论模型,与这个有温度的世界、有悲喜的人民的通道。

在读硕士期间,我终于下定决心申请美国的保险学博士项目,经过半年的申请历程,很有幸成为威斯康星大学商学院精算、风险管理和保险学专业那一年招收的唯一一名博士生。还记得电话面试那天刚好是2月14日的晚上,面试官之一就是我日后的导师琼·施密特。当我以"Wish you a happy Valentine's"作为结语挂上电话的一刻,并不知道这将开启一段怎样的旅程。

2007年8月21日,我孤身一人带着四个大大的行李箱来到威斯康星的首府麦迪逊——一个夏季风和日丽、冬季冰天雪地的湖边小城,开始了为期五年的学习。在时差还没倒清楚就壮着胆子给美国学生上助教讨论课之余,我第一个学期就修了琼的必修课,同班的都是比我高一两级的师兄师姐,上课的内容就是读论文、讲论文和讨论。一开始极不适应,但压力也逼迫我自主学习、交流表达,并奠定了我对保险学经典文献的理解。也是因为这门课,我被琼的风度、学识所折服,在第二年选择她做独立研究课程的导师。正是这个时候,琼告诉我小额保险是一种新兴的保险项目,是为低收入群体设计的商业保险,并鼓励我探索这个新领域。于是,从那开始,一发而不可收,小额保险成为我研究的主要方向之一,至今已有八年之久了。

小额保险对我的吸引力在于它把"经世济民"这个宏大的命题分解得如此清晰而具体,它所具有的双重属性——商业属性为"经世",社会属性则为"济民"——对应得可谓丝丝入扣。而为了达到这样理想化的双赢,必须要创新。从产品、渠道、宣传到监管,每一个环节都需要重新思量。小额保险在发展中国家,甚至一些发达地区落地生根,因地制宜地变幻出不同模式,学者也分别就小额保险的需求、财务可持续性、影响力评估、监管框架设计、案例研究等诸多方面展开了研究。

小额保险吸引我的另一个原因是,在这面旗帜下聚集了一批充满善意、创意、热情,而又认真、执着的人。我选择了小额保险作为博士论文的题目,但当时最大的挑战是没有公开的小额保险数据,也全无头绪哪里能得到。距离开题的时间越来越近,有一天,我读文献时忽然发现大名鼎鼎的小额保险中心的总部竟然就在威斯康星的阿普尔顿。于是，我写邮件给素不相识的中心主席迈克尔·麦科德先生约他见面，然后驱车四个小时去往他坐落于宁谧郊外的办公楼。还记得站在那扇写着"President（Microinsurance Center）"的门前等待敲门时的忐忑，而开门接待我的迈克尔却是个非常和蔼又高效的人。了解来意后他很遗憾地告诉我中心并没有适合我研究目的的数据，但他知道国际劳工组织小额保险组的一位负责人搜集了一些数据，并且缺乏人手对其进行分析。于是，在迈克尔的引荐下，我与当时远在瑞士的彼得·弗雷德先生通了电话，出乎我对一切官僚主义的预期，他在电话里一口答应为我的研究提供数据支持，而第二天 AKAM 小额保险的数据便躺在了我的邮箱中，一切简直不可思议。彼得不仅提供了珍贵的数据，还提供了许多与项目有关的信息和咨询。出于安全考虑，当时亲自去巴基斯坦调研不太可行，而我许多对于 AKAM 项目的认识和了解都是来自与彼得在 Skype 中的讨论——而这一切对他而言并无任何功利色彩。他从未干预我的研究计划，除了几年后才把完成的论文发给他，他从这些付出中丝毫不求回报。甚至直至 2013 年我去华盛顿参加美国风险与保险学年会的时候才第一次见到他，那时他已转到世界银行从事与小额保险无关的工作。在我的坚持之下，我终于请他吃了一顿晚饭聊表谢意，席间他和我聊得火热的话题依旧是小额保险。

2012 年夏天，我的博士论文有幸获得了国际保险协会颁发的年度最佳论文奖，我也已定下博士毕业后能有幸回到北京大学经济学院风险管理与保险学系任教。在里约召开的年会上，我公开宣讲了关于 AKAM 小额保险的文章，当时场下坐着的上百位观众中不仅有我读博士时的导师琼·施密特教授，还有北京大学经济学院院长、风险管理与保险学系创始人孙祁祥教授。于我而言，是小额保险推动着我走向聚光灯之下这承前启后难忘的一刻。

回到北京,回到北京大学,我想继续开展国内小额保险的研究。当时中国小额保险开始试点不久,中国人寿的市场占有率高达90%以上,积累了许多试点经验。在郑伟老师的引荐下,我见到了中国人寿小额保险处的林文丹女士和卢芳冰处长,她们为我的研究提供了宝贵的素材和信息。和小额保险试行方案的主要起草者、保监会人身保险监管部制度处王德威副处长的交谈也令我获益匪浅,使我得以从政策制定者的角度增加了对这一市场的理解。2014年1月,我有幸对中国人寿在四川旺苍的小额保险试点进行调研,在旺苍支公司团险部苟孟经理的协调下了解了这一项目运行的种种,接触了从县政府、扶贫办、金融办的官员、村委会干部、保险公司员工到参保农民等一系列相关人员,得以真正接地气地了解了小额保险。当时,我也立下了写书的愿望,想结合自己的研究把这一领域纷繁的国际前沿和案例实践梳理成册,推进日后的研究与中国实践。

2013年,我在纽约参加亚太风险管理与保险学年会时恰逢克雷格·丘吉尔先生担任演讲嘉宾,在他匆匆行程之间,我与他聊到自己在做小额保险的研究,并想写一本中文书,他竟记下了我的地址。几个月后,两本厚厚的签名版的小额保险"圣经"——《保障低收入群体:小额保险概论》寄到了我的办公室。一转眼,几年过去,本书终于即将付梓,我要衷心感谢以上所有给予我无私帮助,也鼓舞我一路前行的人们。此外,还要特别感谢我的导师琼·施密特教授为本书作序。感谢我的助研陈如意和李乐婷,她们承担了大量素材搜集、整理等工作,并一再用高效尽责的表现无声地敦促我写作。感谢北京大学经济学院中青年学者文库项目提供的出版资助,以及国家自然科学基金青年项目(71503014)提供的研究资助。同时也非常感谢本书的编辑郝小楠女士负责而细致的工作!

最后,我想借此机会感谢我的家人——父母的全心付出、公婆的体谅照顾、爱人的温暖支持和女儿的贴心乖巧,让我终于完成了这个夙愿。

仅以本书作为女儿麦芽儿的周岁礼物,如今的她还不识人间疾苦。希望通过发展、通过创新、通过努力、通过研究,待她成年之时,世界能少一点疾苦,多一些希望。

姚 奕

2016 年 12 月于北京柏儒苑

参 考 文 献

[1] 保监会 2008 年 47 号文件.农村小额人身保险试点方案.

[2] 保监会 2012 年 53 号文件.全面推广小额人身保险方案.

[3] 保监会全面推广小额人身保险[N].中国保险报,2012-07-20(001).

[4] 杜庆鑫.小额保险及其监管创新[J].中国金融,2009(4):74—75.

[5] 李杰.中国农村小额保险发展研究[M].经济科学出版社,2015.

[6] 刘艳芳.我国农业保险市场失衡分析——基于效用理论视角[J].海南金融,2011(3):8—13.

[7] 粟榆,李琼,李池威.我国农村小额人身保险运行回顾与评价[J].保险研究,2010(12):18—23.

[8] 孙祥栋.小额保险:理论与实践[M].经济科学出版社,2012.

[9] 庹国柱,王铁军.中国农业保险与农村社会保障制度研究[M].首都经济贸易大学出版社,2003.

[10] 吴海波.农村小额保险销售模式比较研究[J].上海保险,2010(8):34—37.

[11] 杨仕晋."政府+银行+保险"的农村小额信贷模式研究——以佛山市三水区"政银保"贷款模式为例.南方金融,2013(12):72—75.

[12] 郑晓玲,朱栩.我国台湾地区微型保险研究与借鉴[J].金融与经济,2015(1):80—83.

[13] 祝向军,金丽. 寿险需求影响因素的理论探讨和实证分析[C]. 中国保险学会学术年会入选,2010.

[14] Aggarwal, A. 2010. "Impact evaluation of India's 'yeshasvini' community-based health insurance programme". *Health Economics* 19 Suppl(Supplement): 5—35.

[15] Aggarwal, A. 2011. "Achieving equity in health through community-based health insurance: India's experience with a large CBHI programme". *Journal of Development Studies* 47(11): 1657—1676.

[16] Akerlof, G. 1970. "The market for 'lemons': Quality uncertainty and the market mechanism". *The Quarterly Journal of Economics* 84(3): 488—500.

[17] Akotey, J. O. and Adjasi, C. K. D. 2015. "Exploring the effect of microinsurance on asset inequality among households in Ghana". *Journal of Developing Areas* 49(2): 373—398.

[18] Arnott, R. and Stiglitz, J. E. 1991. "Moral hazard and nonmarket institutions: Dysfunctional crowding out of peer monitoring?". *American Economic Review* 81(1):179—190.

[19] Arun, T., Bendig, M. and Arun, S. 2012. "Bequest motives and determinants of micro life insurance in Sri Lanka". *World Development* 40(8): 1700—1711.

[20] Asfaw, A. and Jütting, J. P. 2007. "The role of health insurance in poverty reduction: Empirical evidence from Senegal". *International Journal of Public Administration* 30(8): 835—858.

[21] Bartke, S. and Schwarze, R. 2008. "Risk averse by nation or by religion? Some insights on the determinants of individual risk attitudes". SOE paper on multidisciplinary panel data research No. 131, Berlin: DIW.

[22] Basaza, R., Criel, B. and Van der Stuyft, P. 2008. "Community health insurance in Uganda: Why does enrolment remain low? A view from beneath". *Health Policy* 87(2):172—184.

[23] Bauchet, J. 2012. "Price and information type in life microinsurance demand:

Experimental evidence from Mexico". Appleton WI: Microinsurance Centre.

[24] Biener, C. and Eling, M. 2011. "The performance of microinsurance programs: A data envelopment analysis". *The Journal of Risk and Insurance* 78(1): 83—115.

[25] Biener, C. and Eling, M. 2012. "Insurability in microinsurance markets: An analysis of problems and potential solutions". *The Geneva Papers on Risk and Insurance Issues and Practice* 37(1): 77—107.

[26] Biener, C., Eling, M. and Pradhan, S. 2016. *Can Group Incentives Alleviate Moral Hazard? The Role of Pro-social Preferences*. Social Science Electronic Publishing.

[27] Blanchard-Horan, C. 2007. "Health microinsurance in Uganda: Affecting malaria treatment seeking behavior". *International Journal of Public Administration* 30(8): 765—789.

[28] Brau, J., C. Merrill and Staking, K. 2011. "Insurance theory and challenges facing the development of microinsurance markets". *Journal of Developmental Entrepreneurship* 16(4): 411—440.

[29] Browne, M. 1992. "Evidence of adverse selection in the individual health insurance market". *Journal of Risk and Insurance* 59(1): 13—33.

[30] Browne, M. 2006. "Adverse selection in the long-term care insurance market". In P.-A. Chiappori and Gollier (eds.) *Competitive Failures in Insurance Markets: Theory and Evidence*. CESifo Seminar Series. Cambridge, MA: MIT Press, pp. 97—112.

[31] Cai, H., Chen, Y., Fang H. and Zhou, L. A. 2015. "The effect of microinsurance on economic activities: Evidence from a randomized field experiment". *The Review of Economics and Statistics* 97(2): 287—300.

[32] Cai, H., Chen, Y., Fang, H. and Zhou, L. 2015. "The effect of microinsurance on economic activities: Evidence from a randomized field

experiment". *The Review of Economics and Statistics* 97(2):287—300.

[33] Cai, J. and Song, C. 2013. "Do hypothetical experiences affect real financial decisions? Evidence from insurance take-up". MPRA Paper No. 46862, Munich, Germany.

[34] Cai, J., Janvry, A. D. and Sadoulet, E. 2011. "Social networks and insurance take up: Evidence from a randomized experiment in China". ILO Microinsurance Innovation Facility Research Paper No. 8, Geneva: International Labour Organization.

[35] Cardenas, J. and Carpenter, J. C. 2008. "Behavioral development economics: Lessons from field labs in the developing world". *Journal of Development Studies* 44(3):311—338.

[36] CGAP working group on microinsurance. 2007. Strategies for sustainability.

[37] Chantarat, S. and Carter, M. R. 2013. "Designing index based livestock insurance for managing asset risk in northern Kenya". *Journal of Risk and Insurance* 80(1): 205—237.

[38] Chatterjee, A. 2012. "Access to insurance and financial-sector regulation". In C. Churchill, and M. Matul (eds.) *Protecting the Poor: A Microinsurance Compendium: Vol. II*. Geneva: International Labour Organization, pp. 548—572.

[39] Chen, K., Hu, W., Xiao, C. and Xing, L. 2013. "Smallholder participation in hog insurance and willingness to pay for improved policies: Evidence from Sichuan province in China". ILO Microinsurance Innovation Facility Research Paper No. 28, Geneva: International Labour Organization.

[40] Chen, R., Wong, K. A. and Lee, H. C. 2001. "Age, period, and cohort effects on life insurance purchases in the U. S.". *The Journal of Risk and Insurance* 68(2):303—327.

[41] Chiappori, P. and Salanie, B. 2000. "Testing for asymmetric information in insurance markets". *Journal of Political Economy* 108(1): 56—78.

[42] Churchill, C. (ed.) 2006. *Protecting the Poor: A microinsurance Compendium: Vol. I*. Geneva: International Labour.

[43] Churchill, C. and Matul M. (eds.) 2012. *Protecting the Poor: A Microinsurance Compendium: Vol. II*. Geneva: International Labour.

[44] Clarke, D. 2011. "A theory of rational demand for index insurance". Discussion paper No. 572, University of Oxford, UK.

[45] Clement, O. 2009. "Asymmetry information problem of moral hazard and adverse selection in a national health insurance: The case of Ghana national health insurance". *Management Science and Engineering* 3(3): 101—106.

[46] Cohen, A. 2005. "Asymmetric information and learning: Evidence from the automobile insurance market". *The Review of Economics and Statistics* 87(2): 197—207.

[47] Cole, S., Gine, X., Tobacman, J., Topalova, P. B., Townsend, R. M. and Vickery, J. I. 2013. "Barriers to household risk management: Evidence from India". *American Economic Journal: Applied Economics* 5(1): 104—135.

[48] Criel, B. and Waelkens, M. P. 2003. "Declining subscriptions to the Maliando Mutual Health Organisation in Guinea-Conakry". *Social Science & Medicine* 57(7): 1205—1219.

[49] De Allegri, M., Sanon, M., Bridges, J. and Sauerborn, R. 2006. "Understanding consumers' preferences and decision to enroll in community-based health insurance in rural West Arica". *Health Policy* 76(1): 58—71.

[50] Dekker, M. and Wilms, A. 2010. "Health insurance and other risk-coping strategies in uganda: The case of microcare insurance". *World Development* 38(3): 369—378.

[51] Dercon, S., Gunning, J. W., Zeitlin, A., Cerrone, C. and Lombardini, S. 2012. "Health insurance participation: Experimental evidence from Kenya". ILO Microinsurance Innovation Facility Research Paper No. 10, Geneva: International

Labour Organization.

[52] Desai, S., Sinha, T., and Mahal, A. 2011. "Prevalence of hysterectomy among rural and urban women with and without health insurance in Gujarat, India". *Reproductive Health Matters* 19(37): 42—51.

[53] Dror, D. M., Koren, R. and Steinberg, D. M. 2006. "The impact of filipino micro health-insurance units on income-related equality of access to healthcare". *Health Policy* 77(3): 304—317.

[54] Dror, D., Radermacher, R. and Koren, R. 2007. "Willingness to pay for health insurance among rural and poor persons: Field evidence from seven micro health insurance units in India". *Health Policy* 82(1):12—27.

[55] Dror, D., Soriano, E., Lorenzo, M., Sarol, J., Azcuna, R. and Koren R. 2005. "Field based evidence of enhanced healthcare utilization among persons insured by micro health insurance units in Philippines". *Health Policy* 73(3): 263—271.

[56] Dror, D. M., Koren, R., Ost, A., Binnendijk, E., Vellakkal, S. and Danis, M. 2007. "Health insurance benefit packages prioritized by low-income clients in India: Three criteria to estimate effectiveness of choice". *Social Science & Medicine* 64(4):884—896.

[57] Eling, M., Jia, R. and Yao Y. 2017. "Between-group adverse selection: Evidence from group critical illness insurance". *Journal of Risk and Insurance*, forthcoming.

[58] Eling, M., Pradhan, S. and Schmit, J. 2014. "The Determinants of Microinsurance Demand". *The Geneva Papers on Risk and Insurance-Issues and Practice* 39:224—263.

[59] Finkelstein, A. and McGarry, K. 2006. "Multiple dimensions of private information: Evidence from the long-term care insurance market". *American Economics Review* 96(4): 938—958.

[60] Fitzpatrick, A., Magnoni, B. and Thornton, R. L. 2011. "Microinsurance utilization in Nicaragua: A report on effects on children, retention, and health". ILO Microinsurance Innovation Facility Research Paper No. 5, Geneva: International Labour Organization.

[61] Galarza, F. B. and Carter, M. R. 2010. "Risk preferences and demand for insurance in Peru: A field experiment". Paper No. 61871, 2010 Agricultural and Applied Economics Association Annual Meeting, Denver, CO.

[62] Gandolfi, A. S. and Miners, L. 1996. "Gender-based differences in life insurance ownership". *The Journal of Risk and Insurance* 63(4):683—693.

[63] Gaurav, S., Cole, S. and Tobacman, J. 2011. "Marketing complex financial products in emerging markets: Evidence from rainfall insurance in India". *Journal of Marketing Research* 48(SPL):150—162.

[64] Gheyssens, J. and Gunther, I. 2012. "Risk experiments in gains and losses: A case study for Benin". UNU-WIDER Working Paper No. 2012/38; Helsinki: UNU-WIDER.

[65] Giesbert, L., Steiner, S., and Bendig, M. 2011. "Participation in micro life insurance and the use of other financial services in Ghana". *Journal of Risk and Insurance* 78(1): 7—35.

[66] Gine, X., Karlan, D. and Ngatia, M. 2011. "Social networks, financial literacy and index insurance". Discussion Paper, New Haven: Yale Department of Economics.

[67] Gine, X., Townsend, R. and Vickery, J. 2008. "Patterns of rainfall insurance participation in rural India". *World Bank Economic Review* 22(3):539—566.

[68] Hamid, S. A., Roberts, J., and Mosley, P. 2010. "Evaluating the health effects of micro health insurance placement: Evidence from Bangladesh". *World Development* 39(3): 399—411.

[69] Hamid, S. A., Roberts, J., and Mosley, P. 2011. "Can micro health insurance

reduce poverty? Evidence from Bangladesh". *Journal of Risk and Insurance* 78 (1): 57—82.

[70] Hill, R. V. and Viceisza, A. 2012. "A field experiment on the impact of weather shocks and insurance on risky investment". *Experimental Economics* 15 (2): 341—371.

[71] Hill, R. V. and Robles, M. 2011. "Flexible insurance for heterogeneous farmers: Results from a small scale pilot in Ethiopia". IFPRI Discussion Paper 1092, Washington DC: International Food Policy Research Institute.

[72] Huber, F. 2012. "Determinants of microinsurance demand: Evidence from a micro life scheme in Indonesia". Master's thesis, Aalto University School of Economics, Helsinki.

[73] IAIS and CGAP working group on microinsurance. 2007. "Issues in regulation and supervision of microinsurance".

[74] IAIS. 2012. "Application paper on regulation and supervision supporting inclusive insurance market".

[75] Ito, S. and Kono, H. 2010. "Why is the take-up of microinsurance so low? Evidence from a health insurance scheme in India". *The Developing Economies* 48 (1): 74—101.

[76] Jowett, M. 2003. "Do informal risk sharing networks crowd out public voluntary health insurance? Evidence from Vietnam". *Applied Economics* 35 (10): 1153—1161.

[77] Jütting, J. P. 2004. "Do community-based health insurance schemes improve poor people's access to health care? Evidence from rural Senegal". *World Development* 32(2): 273—288.

[78] Kahneman, D and Tversky, A. 1979. "Prospect theory: An analysis of decision under risk". *Econometrica* 47(2):263—291.

[79] Karlan, D., Kutsoati, E., Mcmillan, M., and Udry, C. 2011. "Crop price

indemnified loans for farmers: A pilot experiment in rural Ghana". *Journal of Risk and Insurance* 78(1): 37—55.

[80] Karlan, D., Osei-Akoto, I., Osei, R. and Udry, C. 2012. "Agricultural decisions after relaxing credit and risk constraints". ILO Microinsurance Innovation Facility Research Paper No. 23, Geneva: International Labour Organization.

[81] Krishnamurthy, R. 1995. "Can crop insurance work? The case of India". *Journal of Development Studies* 31(3): 428—450.

[82] Lammers J. and Warmerdam, S. 2010. "Adverse selection in voluntary micro health insurance in Nigeria". *AIIA Research Series* 10-06.

[83] Landmann, A. and Frölich, M. 2015. "Can health-insurance help prevent child labor? An impact evaluation from Pakistan". *Social Science Electronic Publishing* 39(4): 51—59.

[84] Levine, D., Polimeni, R., and Ramage, I. 2016. "Insuring health or insuring wealth? An experimental evaluation of health insurance in rural Cambodia". *Journal of Development Economics* 119: 1—15.

[85] Liu, Y., Chen, K., Hill, R. and Xiao, C. 2013. "Borrowing from the insurer: An empirical analysis of demand and impact of insurance in China". ILO Microinsurance Innovation Facility Research Paper No. 34, Geneva: International Labour Organization.

[86] Mahal, A., Krishnaswamy, K., Ruchismita, R., and Babu, B. G. 2013. "What is a health card worth? A randomised controlled trial of an outpatient health insurance product in rural India". *Lancet* 381(12): S87.

[87] Marquis, M. S., Buntin, M. B., Escarce, J. J., Kapur, K. and Yegian, J. M. 2004. "Subsidies and the demand for individual health insurance in California". *Health Services Research* 39(5):1547—1566.

[88] Mathauer, I, Schmidt, J. O. and Wenyaa, M. 2008. "Extending social health insurance to the informal sector in Kenya: An assessment of factors affecting

demand". *International Journal of Health Planning Management* 23（1）：51—68.

[89] Microinsurance center. 2014. "The landscape of microinsurance in Asia and Oceania 2013".

[90] Microinsurance Network. 2015. "The state of microinsurance, the insider's guide to understanding the sector".

[91] Miyazaki, H. 1977. "The rat race and internal labor markets". *The Bell Journal of Economics* 8(2):394—418.

[92] Mobarak, A. M. and Rosenzweig, M. 2012. "Selling formal insurance to the informally insured". Yale Economics Department Discussion Paper No. 97. New Haven: Yale Department of Economics.

[93] Morsink, K. and Geurts, P. 2011. "Informal trust building factors and the demand for microinsurance". Working Paper, 7th Annual International Microinsurance Conference, Rio de Janeiro.

[94] Mosley, P. and Krishnamurthy, R. 1995. "Can crop insurance work? The case of India". *The Journal of Development Studies* 31(3):428—450.

[95] Msuya, J. M., Jütting, J. P. and Asfaw, A. 2007. "Impact of community health funds on the access to health care: Empirical evidence from rural Tanzania". *International Journal of Public Administration* 30(8—9):813—833.

[96] Murray, J. 2011. "Asymmetric information and countermeasures in early twentieth-century American short-term disability microinsurance". *The Journal of Risk and Insurance* 78 (1):117—138.

[97] Nguyen, H. and Knowles, J. 2010. "Demand for voluntary health insurance in developing countries: The case of Vietnam's school-age children and adolescent student health insurance program". *Social Science and Medicine* 71(12): 2074—2082.

[98] Noussair, C., Trautmann, S., Kuilen, G. van de and Nathaneal, V. 2012.

"Risk aversion and religion". *Journal of Risk and Uncertainty* 47(2): 165—183.

[99] Olaosebikan, O. 2013. "The determinants of the profitability of micro-life insurers in Nigeria". *The Geneva Papers on Risk and Insurance-Issues and Practice* 38(1):140—159.

[100] Outreville, J. F. 2013. "The relationship between insurance and economic development: 85 empirical papers for a review of the literature". *Risk Management and Insurance Review* 16(1):71—122.

[101] Patt, A., Peterson, N., Carter, M., Velez, M., Hess, U. and Suarez, P. 2009. "Making index insurance attractive to farmers". *Mitigation and Adaptation Strategies for Global Change* 14(8):737—753.

[102] Patt, A., Suarez, P. and Hess, U. 2010. "How do smallholder farmers understand insurance, and how much do they want it? Evidence from Africa". *Global Environmental Change* 20(1): 153—161.

[103] Pauly, M. V. 1974. "Overinsurance and public provision of insurance: The role of moral hazard and adverse selection". *Quarterly Journal of Economics* 88(1): 44—62.

[104] Pauly, M., Blavin, F. E. and Meghan, S. 2008. "Is there a market for voluntary health insurance in developing countries?". NBER Working Paper 14095.

[105] Portula, D., and Vergara R. 2013. "Case study the Philippines experience on microinsurance market development". GIZ.

[106] Pradhan, M. and Wagstaff, A. 2005. "Health insurance impacts on health and non-medical consumption in a developing country". World Bank Policy Research Working Paper 3563, April 2005.

[107] Puelz, R. and Snow, A. 1994. "Evidence on adverse selection: Equilibrium signaling and cross-subsidization in the insurance market". *Journal of Political*

Economy 102(2): 236—257.

[108] Quimbo, S. A., Peabody, J. W., Shimkhada, R., Florentino, J. and Solon, O. 2011. "Evidence of a causal link between health outcomes, insurance coverage, and a policy to expand access: Experimental data from children in the Philippines". Health Economics 20(5):620—630.

[109] Radermacher, R., McGowan, H. and S. Dercon. 2012. "What is the impact of microinsurance?". In C. Churchill, and M. Matul (eds.), *Protecting the Poor: A Microinsurance Compendium: Vol. II*. Geneva: International Labour, pp. 59—82.

[110] Ragoubi, N., Belkacem, L., and Mimoun, A. B. 2013. "Rainfall-index insurance and technology adoption: evidence from field experiment in Tunisia". *Journal of International Development* 25(5): 660—673.

[111] Roth, J., McCord M. J. and Liber, D. 2007. "The landscape of microinsurance in the world's 100 poorest countries". Appleton, WI: The Microinsurance Centre, LLC.

[112] Rothchild, M. and Stiglitz, J. 1976. "Equilibrium in competitive insurance markets: An essay on the economics of imperfect information". *Quarterly Journal of Economics* 90(4):629—649.

[113] Saksena, P., Antunes, A. F., Xu, K., Musango, L. and Carrin, G. 2011. "Mutual health insurance in Rwanda: Evidence on access to care and financial risk protection". Health Policy 99(3): 203—209.

[114] Sandmark, T. 2013. "Social performance indicators for microinsurance: A handbook for microinsurance practitioners". Microinsurance Network.

[115] Schneider, P. 2005. "Trust in micro-health insurance: An exploratory study in Rwanda". *Social Science & Medicine* 61(7):1430—1438.

[116] Schneider, P. and Hanson, K. 2006. "Horizontal equity in utilisation of care and fairness of health financing: A comparison of micro-health insurance and user fees

in Rwanda". *Health Economics* 15(1): 19—31.

[117] Smith, K. V. and Sulzbach, S. 2008. "Community-based health insurance and access to maternal health services: Evidence from three west african countries". *Social Science & Medicine* 66(12): 2460—2473.

[118] Sommer, D. W. 1996. "The impact on firm risk on property-liability insurance prices". *The Journal of Risk and Insurance* 63(3):501—514.

[119] The Centre for Financial Regulation and Inclusion. "Microinsurance for Rural Workers in China (version 2)". http://www.cenfri.org

[120] The Centre for Financial Regulation and Inclusion. 2013. "Microinsurance for Rural Workers in China". http://www.cenfri.org

[121] Thornton, R. L., Hatt, L. E., Field, E. M., Islam, M., Sol Diaz, F. and Gonzalez, M. A. 2010. "Social security health insurance for the informal sector in Nicaragua: A randomized evaluation". *Health Economics* 19(S1):181—206.

[122] Turner, G., Said, F and Afzal, U. 2014. "Microinsurance demand after a rare fold event: Evidence from a field experiment in Pakistan". *The Geneva Papers on Risk and Insurance-Issues and Practice* 39:201—223.

[123] Wakker, P., Thaler, R. and Tversky, A. 1997. "Probabilistic insurance". *Journal of Risk and Uncertainty* 15(1):7—28.

[124] Wang, H., Zhang, L., Yip, W. and Hsiao, W. 2006. "Adverse selection in a voluntary rural mutual health care health insurance scheme in China". *Social Science & Medicine* 63(5): 1236—1245.

[125] Wilson, C. 1977. "A model of insurance markets with incomplete information". *Journal of Economic Theory* 16(2):167—207.

[126] Wipf, J. and Garand, D. 2008. "Performance indicators for microinsurance, a handbook for microinsurance practitioners". CGAP working group on microinsurance.

[127] Yao, Y. 2013. "Development and sustainability of emerging health insurance

markets: Evidence from microinsurance in Pakistan". *Geneva Papers on Risk and Insurance-Issues and Practice* 38:160—180.

[128] Yao, Y., Schmit, J. and Sydnor, J. 2017. "The role of pregnancy in micro health insurance: Evidence of adverse selection from Pakistan". *The Journal of Risk and Insurance*, forthcoming.

[129] Zhang, L. and Wang, H. 2008. "Dynamic process of adverse selection: Evidence from a subsidized community-based health insurance in rural China". *Social Science & Medicine* 67(7):1173—1182.

[130] Zhang, L., Wang, H., Wang, L. and Hsiao, W. 2006. "Social capital and farmer's willingness-to-join a newly established community-based health insurance in rural China". *Health Policy* 76(2):233—242.

[131] Zheng, W. and Zhang, C. 2010. "Efficiency evaluation of China's new rural cooperative medical system using DEA method". Working Paper.

[132] Zietz, E. N. 2003. "An examination of the demand for life insurance". *Risk Management and Insurance Review* 6(2):159—191.